To Leona Glidden Running for whom

Semitic languages are a consuming and

contagious interest.

CONTENTS

PREFACE

Purpose of this *Student's Vocabulary*

In light of the availability of a number of Hebrew vocabulary lists, it is proper to ask why another such list should be put in print. The volumes that first come to mind each make a real contribution. George M. Landes's *A Student's Vocabulary of Biblical Hebrew* has an obvious advantage in its grouping of Hebrew words by root, a helpful aid in learning vocabulary. The *Hebrew Vocabularies* of J. Barton Payne present the Hebrew particles in a particularly helpful way. And the small volume by John D. W. Watts (*Lists of Words Occurring Frequently in the Hebrew Bible.*), which like Payne's is based on William Rainey Harper's *Hebrew Vocabularies* (published in 1890), presents Hebrew vocabulary down to 25 occurrences in a very compact form.

However, in my experience in teaching biblical Hebrew on the undergraduate level, I have felt that each of the above excellent works have presented two fundamental problems for entry-level Hebrew students: (1) each volume incorporates a number of separate lists, requiring reference to various parts of the book in order to find all Hebrew words of a given frequency; and (2) the lists themselves are apparently set by somewhat arbitrary word-frequency limits, resulting in lists of greatly variable length. The present work seeks to remedy both of those basic problems.

The lexicon of Old Testament Hebrew contains some 10,000 words in all. Of these, approximately 740 occur fifty times or more. A full 490 occur as *hapax legomena* by Harold R. Cohen's definition (see volume in Bibliography; pages xv and 6-7). Many more words in the MT occur only once, though other occurrences of that same Hebrew root may also appear.

The Aramaic lexicon consists of approximately 650 words. Since the amount of Aramaic text in the OT is so much less than that of Hebrew text, the number of occurrences of Aramaic words is lower.

For the Hebrew vocabulary sections (Sections 1-5) an attempt has been made to include every word that occurs ten times or more. The one exception to this inclusive statement has to do with proper nouns: only those personal and place names that are used fifty times or more are included. The primary reason for including proper nouns at all is that while some Hebrew place names and personal names are reasonably "transparent" to students familiar with the OT in English translation, many are rather "opaque." This is the case because the English transliteration that the student knows often reflects Greek forms more than the original Hebrew name. For examples of the latter, see "Isaac" (Section 3.F), or "Solomon" (2.C).

A section containing Hebrew words occurring less than ten times was prepared for this project. Simply for considerations of length it has not been included in this volume. (It was twice as long as Sections 1-4, both in number of entries and estimated page length!) Most Hebrew students would probably find little use for this section of Hebrew vocabulary.

In the case of the Aramaic vocabulary (Section 6), the effort has been made to include every Aramaic word, except for proper nouns. (No personal or place names have been included, except for a few that occur more than fifty times in Aramaic *and* Hebrew and thus are listed in Sections 1-4 with a note regarding the number of occurrences in Aramaic.)

A glance at the Table of Contents and the first few vocabulary lists should be enough to clarify the arrangement of this volume. Instead of juggling two or three (or more) different frequency lists, all words of a given frequency range have been gathered into one list. By learning one list (or series of lists)— not two or three— a student can master all Hebrew (or Aramaic) words in that frequency range. Vocabulary learning effort can thus be better focused.

Furthermore, instead of setting arbitrary frequency ranges, this *Student's Vocabulary* has had as its priority the production of consistently short, manageable lists. In general, this means lists not in excess of thirty words. This ideal holds true until sheer numbers of words of identical frequency make smaller lists impossible, short of artificially breaking up longer lists alphabetically. (You can't have words that occur between 1.5 and 1.2 times in the MT!)

By these two devices then, combining all MT vocabulary into one sequence of lists containing less and less frequently-occurring words, and adjusting frequency ranges to keep lists reasonably short, this *Student's Vocabulary* has sought to meet the pedagogical shortcomings of other available Hebrew vocabularies.

Resources for the Preparation of *A Student's Vocabulary*

A number of reference works have been used in the determination of word frequencies. Trial lists were prepared based on frequencies given by Landes and Payne. However, all the words included in this vocabulary have been independently checked— except where the number of occurrences obviously exceed 5000— by an actual count. The primary reference works have been the concordances by Lisowsky and Mandelkern. Additionally, occasional reference has been made to Wigram's *Englishman's Hebrew and Chaldee Concordance*. Consult the Bibliography for publication details.

Acknowledgements

Without the help and encouragement of a large number of people this volume would not have been produced. In particular I think of two of my students at Pacific Union College, Larry Errett and Cathemae Cecchin. Larry Errett, an able linguist, did some of the earliest work on word counts, especially in the highest frequencies. And Cathe Cecchin, who worked as my secretary for three years during her undergraduate study, has nearly single-handedly accomplished the staggering task of entering encoded text destined to be translated by computer into printed and pointed Hebrew script and (at the cost of even more effort) phonetic spellings.

W. Larry Richards, Religion Department chairman during the more critical stages of research for this volume, provided much-needed encouragement, but also the sorts of scheduling concessions without which this entire project might well have foundered. Small academic institutions seldom have adequate research-support resources. However, the administration of Pacific Union College has been most helpful and cooperative, supplying both the funds for student assistants and the resources and expertise of the College computer facility.

For computer aid and expertise, Harold E. Hunt and Bernard Maron of Autographics, Inc., in Monterey Park, California, richly deserve praise. It was their work that helped turn a concept into reality, and this even though all too often my idea of how to reach reality represented rather different ways of doing things. And here at Pacific Union College, our work of data entry was made immeasurably easier, and therefore more accurate and less time-consuming, by the efforts of Dr. Gilbert Muth, chairman of the Biology Department, a man who writes elegant computer programs that work (no mean feat!).

And finally, to my wife Carola, and to Carmie and Jason, I owe a large debt for constant support and understanding. Work on this project has consumed time that would have otherwise been theirs.

While every reasonable effort has been made to reduce errors to an absolute minimum, it is virtually certain a few such will remain. I would welcome any notices for corrections or improvements. Send these either directly to me or to the publisher.

Learning Hebrew vocabulary requires a lot of time and effort. I hope this volume will help both instructors and students of biblical Hebrew and Aramaic to make the most efficient use possible of their vocabulary study time.

Larry A. Mitchel
Pacific Union College
Angwin, California 94508
December 1983

HOW TO USE THIS *STUDENT'S VOCABULARY*

General Orientation

The purpose of vocabulary study is to learn the correct spelling, pronunciation, and meaning of a set of new (foreign or native) words. Since correct pronunciation of Hebrew words is an integral part of effective vocabulary learning, the student should from the beginning take seriously the matter of consonant and vowel values in Hebrew. For convenience a Table of Values has been provided for reference. However, these values will simply have to be committed to memory before efficient study of Hebrew vocabulary can begin.

Beyond the phonetic value of the Hebrew consonants and vowels themselves, Hebrew pronunciation is also determined by several other interrelated factors:

(1) Syllable division. Hebrew syllables may be either "open" (consisting of a consonant followed by a vowel) or "closed" (a consonant, a vowel, and a consonant— in that order). For the rules governing the use of long or short vowels (and non-vowels) in a Hebrew word, the student should consult his/her grammar. (The "half-open syllables" are discussed below under "Phonetic Spelling.")

(2) Use of *šəwâ*. Pronunciation of Hebrew words also depends upon a determination as to whether the "non-vowel" *šəwâ* is "vocal" (stands under the opening consonant of a syllable) or "silent" (under the closing consonant of a syllable).

(3) Accent. The placement of the stress in a Hebrew word can materially affect its pronunciation. This is especially obvious when the form of a word changes, for example in the formation of a plural or the addition of suffixes. In this vocabulary, accent marks are only used for multi-syllable Hebrew words that are stressed on other than the final syllable. The mark ˏ is used.

(4) Furtive *pátaḥ*. Some Hebrew words that end in guttural·letters (especially ח and ע) must be treated uniquely in pronunciation. Though the final consonant has a *pátaḥ* under it, the vowel is pronounced *before* the consonant. Note that furtive *pátaḥ* is written in phonetic spelling as a raised *a* (ᵃ). The common practice, observed herein, is not to show a syllable division in phonetic spelling for furtive *pátaḥ*. Contrary to the practice of some grammars and lexicons, in this vocabulary the Hebrew forms show the accent mark. (Example: רָקִיעַ, rā/qîᵃʿ.)

Because of these and other variables, it was decided to include in this vocabulary a phonetic rendition (transliteration) of each form presented. In cases where more than one Semitic form is involved, transliterations are given in the same order as the Hebrew (or Aramaic) words. Syllable divisions and stress accents are also indicated.

Beyond proper spelling and pronunciation, the student needs to learn the meaning of the Hebrew words he/she is studying. The definitions that have been provided in this volume are basically correct, and have been chosen in consultation with standard Hebrew lexicons (particularly William L. Holladay's *A Concise Hebrew and Aramaic Lexicon of the Old Testament.*). These meanings are in no sense full and exhaustive. For the meanings of nouns in various contexts, or of verbs in different contexts or in derived conjugation stems, the student must consult a trustworthy dictionary or lexicon. See the Bibliography for a number of helpful and reliable lexicons and dictionaries. Individual language teachers may wish for whatever reason to supplement or emphasize (and even in some cases supplant) given definitions. But in general the meanings given for the Hebrew words in this vocabulary have been chosen with the beginning student in mind, and do provide base meanings that will serve those needs.

This *Student's Vocabulary* can be used to great advantage along with *A Reader's Hebrew-English Lexicon of the Old Testament* by Armstrong, Busby, and Carr. By simply learning the Hebrew vocabulary down to fifty occurrences, about 739 words in all, a student should be able to read plain Hebrew text by following along in the appropriate section of the *Reader's Lexicon,* and referring there for all forms which occur less than fifty times (assuming a minimum knowledge of grammar and syntax).

Sample Entry and Explanation

Perhaps the best way to explain how the individual vocabulary entries in this volume are presented is to give examples and provide some detailed explanations. The following entries are in no way complete and exhaustive, but what they do not contain can be easily described.

     בָּקַשׁ[1]   (Pi)[2] seek[3] [bā/qáš*][4] 225[5]

    (II)[6] *אֵת*   (prep)[2] with, beside [ʾēṯ] 5000[5]

[1] Hebrew/Aramaic Words. An attempt has been made to use forms and spellings that are favored today. In making such choices, personal judgments are inevitable. Not all decisions may seem to every trained reader to be the best ones. Hopefully no decision will mislead the beginning student. One such judgment relates to Hebrew and Aramaic words spelled with a long "o." In very many cases the word appears in the MT spelled with both "defective *ḥōlem*" (, ō) and with "full *ḥōlem*" (וֹ, ô). This vocabulary has not achieved consistency on the matter: if you can not find a word under one spelling, try the alternate spelling before giving up! (The same goes for full and defective spellings with— and without— *yōḏ*.)

a. Verbs: unpronounceable words are more difficult to to learn— at least if the ear helps at all in vocabulary study. For this reason all verb roots have been provided with vowels. In the case of verbs that only occur in non-*Qal* stems (and are thus left unpointed in most lexicons), this *Student's Vocabulary* gives to the root those vowels that pertain to the (missing) *Qal* form. Since this form is hypothetical, an asterisk (*) is placed after the entry. This practice has also been observed for the so-called hollow verbs (verbs with a *yōd* or *wāw* in the second position), even though the verb may in fact appear in just that form. (This has been done because there is often uncertainty, and some disagreement, regarding the appropriate vowel.) Furthermore, in many cases the verb, though used in the *Qal*, may not occur in the third masculine singular even though the asterisk is missing.

b. Nouns, adjectives, prepositions: an asterisk after these forms signals that while this is the dictionary form of the word, for one reason or another the word never appears just this way in the MT. (As a rule, simple changes in form, such as the addition of a suffixed pronoun or the construct state have not been listed in this vocabulary with an asterisk.) An explanation of the reason for the asterisk is provided in the definition section.

c. General comments: the names of ancient Near Eastern countries and their respective gentilic (people-naming) nouns have been combined in single entries, and listed according to total number of occurrences.

Numerals have also been gathered into single entries, corresponding words for multiples of ten ("twenty," "thirty," etc.) being given under the Hebrew word for that number. Numbers from three to ten are identified by the gender of the *form*. (In that range Hebrew uses feminine numerals for masculine nouns, and vice versa— a device called "chiastic concord" in some grammars).

Occasionally, particularly for words of low frequency, there is considerable uncertainty even regarding a hypothetical vowel-point assignment. In such cases the Semitic word is followed by a question mark in parentheses (?).

Defective *ḥōlem* can be located in a variety of places over a Hebrew word. The practice of placing this vowel point toward the left margin of wider Hebrew consonants has been followed herein, as well as the practice of not double-dotting *šîn* when it is preceeded by defective *ḥōlem*. Defective *ḥōlem* preceeding *ălep* is commonly written over the *right* margin of the latter, and has been written that way in this volume.

2 Grammar/Morphology: information of importance or convenience about a word's part of speech, conjugation stem, or person/gender/number is given in abbreviated form preceding the definitions. The meaning of these abbreviations may be found in the list of Abbreviations and Symbols.

In the case of verbs that do not appear in the MT in the *Qal* stem, the Hebrew form appears in this vocabulary with an asterisk (as mentioned above). The note in parentheses at the beginning of the definition section then indicates the most commonly-used (or the simplest) derived-conjugation stem in which that verb does occur.

In the case of nouns, adjectives, prepositions, and such, the note in parentheses identifies the part of speech and/or the reason why the asterisk has been used.

[3] Word Meaning: levels of difference in the meanings for a given word have been indicated by separating punctuation marks: a comma divides words which are more or less synonymous, whereas a semicolon sets off extended meanings or rather different definitions. Roman numerals in parentheses refer to one of two or more roots with an identical spelling in Hebrew/Aramaic. These designations follow Holladay's lexicon. Definitions are of the Semitic word as given (not, for example, in plural, even if the asterisk means that this word only occurs in the plural form).

Cross references in the vocabulary are identified by Section number and Subsection letter (Example: Cf 1.D).

[4] Phonetic Spelling: as an aid to self-study, each entry includes a phonetic spelling. Beginning students should find this feature to be helpful as they begin to learn Semitic vocabulary, since it will aid in correct pronunciation of Hebrew/Aramaic words, thus enlisting the ear as well in vocabulary learning. It will be necessary to learn the proper values for each symbol from the Table of Values. Syllables are separated by slashes (/). Accented syllables have been indicated, except for mono-syllabic words.

"Half-open syllables" are neither open nor closed. Such syllables appear to defy syllable-formation rules in that they contain a short vowel, are unaccented, but stand without a closing consonant. Printed Hebrew Bibles commonly use a *méteḡ* to mark these syllables (a short verticle mark just to the left of the vowel point). Lexicons vary in their treatment of half-open syllables. In this volume those few such syllables are not marked in the Hebrew word. Rather, in the phonetic spelling the syllable is followed by an exclamation point (Example: מַעְרָכָה, ma!/ʿărā/ḵâ).

[5] Number of Occurrences: counts for Hebrew words are inclusive and for that reason somewhat overlapping. This means, for example, that a *Qal* active participle may be counted among the occurrences of the verb, and counted again when used as a noun. Such situations are limited primarily to words which occur often enough as substantives to justify also treating them as a vocabulary entry in their own right. In the case of *Qal* participles, only those occuring ten times or more have been listed in their own entries.

Commonly, word counts include forms of the word that have been prefixed (by the article or prepositions), pluralized, and/or suffixed (by pronouns). In some situations in which such forms have become standardized (and are numerous), prefixed or suffixed forms are listed in separate entries. For verbs, the indicated count includes not only the implied or indicated verbal stems (*Qal, Hipʿil*, etc.), but all stems in which that verb appears.

Word counts from Lisowsky's concordance include *Qərê* readings as well as normal occurrences. With proper nouns (where given), all occurrences of a given name are included, even though in many cases more than one referent is intended.

In cases where Mandelkern and Lisowsky disagree as to number of occurrences, the general practice has been to enter the higher of the counts, unless further work (sometimes including entry-by-entry comparisons) has made it clear the lower number is to be preferred.

Words identified as occurring 5000 times occur *more* than 5000 times; no attempt has been made to precisely establish the occurrences of these twelve Hebrew words.

[6] Root Number: as indicated earlier, root designations follow Holladay's lexicon. In some cases several roots have been combined, for one reason or another, into one entry. In such situations the meanings of the various roots have been designated within the definition section.

Suggestions for Using this *Student's Vocabulary*

As has been widely acknowledged, learning vocabulary and retaining it are probably the most challenging aspects of learning Hebrew or Aramaic. In my experience the principal reason for this fact is that, in contrast to New Testament Greek, Old Testament Hebrew and Aramaic have virtually no cognate words in English. This requires much more rote memorization, or the formation of idiosyncratic memory devices. While each student must determine what works best for vocabulary study, here are a few common sense suggestions:

(1) Flash cards. While not all language students use them, home-made flash cards provide several advantages in vocabulary learning. First, you must go through the motions of writing the foreign word and its definition. Second, punched and carded on a ring holder, flash cards are very transportable for study at odd times and in many places. Third, flash cards can be (and probably should be) rearranged as you learn words, so that less time is spent on words that only need to be reviewed while more effort is concentrated on new or recalcitrant forms.

(2) Oral repetition. Repeating Hebrew and Aramaic words and their meanings out loud over and over (correctly!) introduces two critical factors into your vocabulary learning— pronunciation and hearing.

(3) Repeated writing. Used alone and in connection with oral repetition, repeated writing of OT vocabulary helps to establish a memory pattern.

Given the descending-frequency scheme with which this volume is prepared, a student can develop a Hebrew or Aramaic vocabulary as far as is necessary or desired (within the limits of this vocabulary volume). Within the ranges covered herein, by using the Index and referring to the appropriate Section/ Subsection location, the number of times a given word occurs in the OT can be determined.

BIBLIOGRAPHY

Armstrong, Terry A.; Busby, Douglas S.; and Carr, Cyril F. *A Reader's Hebrew-English Lexicon of the Old Testament.* Vol. I: Genesis-Deuteronomy. Grand Rapids: Zondervan, 1980.

——————. Vol, II: Joshua - 2 Kings (1982).

——————. Vol. III: Announced.

Brown, Francis; Driver, S. R.; and Briggs, Charles A. *A Hebrew and English Lexicon of the Old Testament.* Oxford: Clarendon Press, 1907.

Cohen, Harold R. (Chaim). *Biblical Hapax Legomena in the Light of Akkadian and Ugaritic.* SBL Dissertation Series, 37. Missoula: Scholars Press, 1978.

Feyerabend, Karl. *Langenscheidt's Pocket Hebrew Dictionary to the Old Testament.* New York: Barnes & Noble, 1961.

Fohrer, Georg. *Hebrew and Aramaic Dictionary of the Old Testament.* Trans. by W. Johnstone. Berlin: Walter de Gryter, 1971.

Holladay, William L. *A Concise Hebrew and Aramaic Lexicon of the Old Testament.* Grand Rapids: Eerdmans, 1971; sixth impression, January 1982.

Koehler, Ludwig and Baumgartner, Walter, editors. *Lexicon in Veteris Testamenti Libros.* One volume with Supplement. Leiden: Brill, 1958.

——————. *Hebräisches und aramäisches Lexicon zum alten Testament.* Third edition. Parts I and II. Leiden: Brill, 1967, 1974.

Lambdin, Thomas. *Introduction to Biblical Hebrew.* New York: Scribner's, 1971.

Landes, George M. *A Student's Vocabulary of Biblical Hebrew. Listed According to Frequency and Cognate.* New York: Scribner's, 1961.

Lisowsky, Gerhard. *Konkordanz zum Hebräischen alten Testament.* Second edition. Stuttgart: Deutsche Bibelgesellschaft, 1958.

Mandelkern, Solomon. *Veteris Testamenti Concordantiae Hebraicae atque Chaldaicae.* Third edition. Jerusalem: Schocken, 1967.

——————. *Veteris Testamenti Concordantiae Hebraicae atque Chaldaicae.* Seventh edition, augmented and revised by F. Margolin and M. Gottstein. Jerusalem: Shocken, 1967.

Payne, J. Barton. *Hebrew Vocabularies. Based on Harper's Hebrew Vocabularies.* Grand Rapids: Baker, 1956.

Watts, John D. W. *Lists of Words Occurring Frequently in the Hebrew Bible.* Second edition. Leiden: Brill, 1967

Wigram, George V. *The Englishman's Hebrew and Chaldee Concordance of the Old Testament*. Fourth edition. London: Samuel Bagster & Sons, 1843.

Young, Robert. *Analytical Concordance to the Bible*. New York: Funk & Wagnalls, n.d.

TABLE OF VALUES

NOTE: Protocols adopted here are essentially those of Thomas Lambdin (*Introduction to Biblical Hebrew*. New York: Scribner's, 1971; pages XXII-XXIII.) See also G. Johannes Botterweck and Helmer Ringgren, eds. *Theological Dictionary of the Old Testament*. Vol. I. Grand Rapids: Eerdmans, 1974; page XX.

Symbol (Name)	Transliteration Value	Pronunciation Guidelines
Consonants		
א (ʾā́lep̄)	ʾ	(glottal stop—none)
בּ (bêṯ)	b	*b* as in "best"
ב	ḇ	*v* as in "vest"
גּ (gī́mel)	g	*g* as in "give"
ג	ḡ	throaty *gh*
דּ (dā́leṯ)	d	*d* as in "day"
ד	ḏ	*th* as in "the one"
ה (hē)	h	*h* as in "hay"
ו (wāw)	w	*w* as in "well"
ז (záyin)	z	*z* as in "zero"
ח (ḥēṯ)	ḥ	*ch* as in Scots *loch* or German *buch*
ט (ṭēṯ)	ṭ	*t* as in "time"
י (yōḏ)	y	*y* as in "yes"
כּ (kap̄)	k	*k* as in "key"
כ	ḵ	*ch* as in German Bach
ך (final form)	ḵ	*ch* as in German Bach
ל (lā́meḏ)	l	*l* as in "look"
מ (mēm)	m	*m* as in "more"
ם (final form)	m	*m* as in "more"
נ (nûn)	n	*n* as in "now"
ן (final form)	n	*n* as in "now"
ס (sā́meḵ)	s	*s* as in "say"
ע (ʿáyin)	ʿ	(glottal stop—none)
פ (pēh)	p	*p* as in "pay"

ם	p̄	*f* as in "face"
ך (final form)	p̄	*f* as in "face"
צ (*ṣaḏēh*)	ṣ	*ts* as in "sits"
ץ (final form)	ṣ	*ts* as in "sits"
ק (*qōp̄*)	q	harder than *c* in "cool"
ר (*rēš*)	r	*r* as in "ran"
שׂ (*śîn*)	ś	*s* as in "say"
שׁ (*šîn*)	š	*sh* as in "show"
ת (*tāw*)	t	*t* as in "try"
ת	ṯ	*th* as in "thin"

Vowels and Diphthongs

הָ	â	*a* as in "father"
יִ (*ḥîreq-yōḏ*)	î	*i* as in "machine"
יֵ (*ṣērê-yōḏ*)	ê	*ey* as in "they"
וֹ (full *ḥōlem*)	ô	*o* as in "note"
(defective *ḥōlem*)	ō	*o* as in "note"
וּ (*šûreq*)	û	*u* as in "flute"
ָ (*qāmeṣ*)	ā	*a* as in "father"
ֵ (*ṣērê*)	ē	*ey* as in "they"
ִ (*ḥîreq*)	i	*i* as in "pin"
ֶ (*səḡōl*)	e	*e* as in "let"
ַ (*páṯaḥ*)	a	*a* as in "that"
ָ (*qāmeṣ-ḥāṭûp̄*)	o	*o* as in "top"
ֻ (*qibbûṣ*)	u	*u* as in "bull"
ַ (furtive *páṯaḥ*)	raised ᵃ	*a* as in "account"
ְ (simple *šəwâ*)	ə	*a* as in "about"
ֲ (*ḥāṭēp̄-páṯaḥ*)	ă	*a* as in "about"
ֱ (*ḥāṭēp̄-səḡōl*)	ĕ	*a* as in "about"
ֳ (*ḥāṭēp̄-qāmeṣ*)	ŏ	*a* as in "about"
יַ	ai	*ay* as in "say"
יָ	āi	*i* as in "sigh"
יֵ	ey	*ey* as in "they"
וֹי , יֹ	ôy, ōy	*oy* as in "toy"
וּי	ûy	*uey* as in "gluey"
וָ	āw	*ow* as in "how"
וַ	aw	*ow* as in "prow"
יִו	îw	*ue* as in "hue"
וֵ , יֵו	ēw, êw	*av* as in "save"

ABBREVIATIONS AND SYMBOLS

abs	absolute	Hithpal	*Hitpalpel*
act	active	Hithpol	*Hitpo'lel*
adj	adjective	Ho	*Hop'al*
adv	adverb	idiom	idiom; idiomatic
advs	adversative (conjunction)		expression
alw	always	imprec	imprecative
c	common (gender)	impv	imperative
cf	compare, see also; see	inf	infinitive
	instead	interj	interjection
cj	conjecture; conjectural	interr	interrogative
coll	collective	intrans	intransitive
comp	comparison; comparative	irr	irregular
conj	conjunction	K	*Kətîb* (what is written in
cons	consonant		MT)
cstr	construct	m	masculine
ctxt	context(ual); in context	MT	Masoretic Text
def	definite	met	metaphor(ically)
dem	demonstrative	n	noun
den	denominative	neg	negative
ditt	dittography	Ni	*Nip'al*
du	dual	ord	ordinal (number)
emph	emphatic (Aramaic)	Pa	*Pa'el* (Aramaic)
ext	by extension; extended	part	participle
	meaning	pass	passive
f	feminine	pers	person(al)
fract	fractional (number)	Pe	*Pe'al* (Aramaic)
gent	gentilic (noun)	Pi	*Pi'el*
Ha	*Hap'el* (Aramaic)	Pil	*Pi'lel*
Hi	*Hip'il*	Pilp	*Pilpel*
Hisht	*Hištap'el*	pl	plural
Hith	*Hitpa'el* (Hebrew);	Po	*Po'el*
	Hitpe'el (Aramaic)	poet	poetic; in poetry
Hithpa	*Hitpa'al* (Aramaic)	Pol	*Po'lel, Po'lal*

poss	possible	*	hypothethical form (as
pr	pronoun		such does not occur in
pred	predicate		MT)
pref	prefix(ed)	!	indicates half-open
prep	preposition		syllable
prob	probable	?	indicates uncertainty
Pul	*Puʿlal*		regarding definition
Q	*Qərê* (what should be	(?)	indicates uncertainty
	read in MT)		regarding Semitic
rel	relative		vowel(s)
s	singular	†	indicates Aramaic
stat	stative		cognate spelled like a
trad	traditional(ly)		Hebrew word
trans	transitive	‡	indicates Aramaic
txt corr	text(ual) corrupt(ion)		cognate with different
unc	uncertain		*vowels* from Hebrew
unex	unexplained	§	indicates Aramaic
v	verb		cognate spelled
voc	vocative		*differently* but
wp	word play		*recognizably*

SECTION 1: HEBREW WORDS OCCURRING MORE THAN 500 TIMES (106)

A. *Words Occurring More Than 2200 Times (25)*

אֶל (prep) unto, toward [ʾel] 5000

(II) אֱלֹהִים God [ʾĕlō/hîm] 2706

(I) אָמַר say [ʾā/már] 5000

אֶרֶץ earth [ʾé/reṣ] 2498

אֲשֶׁר (rel pr) who, which, that [ʾăšér] 5000

(I) אֵת (accusative particle; definite object marker; not translated) [ʾēt] 5000

(II) אֵת (prep) with, beside [ʾēt] 5000

בְּ־ (pref prep) in 5000

בּוֹא go in, enter, come [bôʾ] 2530

(I) בֵּן son [bēn] 4887

הַ־ (pref def art) the (with dāḡēš in following cons) 5000

הֲ־ (pref interr particle) 5000

הָיָה be, happen, become [hā/yâ] 3514

וְ־ (pref conj) and, also, even 5000

יהוה; יָהּ, יָה (full; short form) The Lord [K "Yahweh" ?; Q ʾădō/nái; yâ] 5766

(I) יוֹם day [yôm] 2241

יִשְׂרָאֵל Israel [yiś/rā/ʾél] 2513

כְּ־ (pref prep) as, like 5000

(II) כִּי (conj) because, for, that, when, but; indeed, truly [kî] 4395

כֹּל, כּוֹל all, every [kōl, kôl] 5000

לְ־ (pref prep) to, toward (I); (voc) Do! Yes! (II) 5000

לֹא (neg) no, not [lōʾ] 4973

(I) מֶלֶךְ king [mé/lek] 2522

(II) עַל (prep) on, upon, against, over [ʿal] 4898

עָשָׂה do, make; (Pi) press, squeeze (II?) [ʿā/śâ] 2573

B. *Words Occurring between 2199 and 1000 Times (27)*

אָב father [ʾāḇ] 1568

(I) אִישׁ; אֲנָשִׁים (s; pl) man [ʾîš; ʾănā/šîm] 2149

אִם (conj) if, then [ʾim] 1046

אֲנִי; אָנֹכִי (pers pr c) I [ʾănî; ʾā/nō/kî] 1316

(I) בַּיִת house [bá/yit] 2039

(II) דָּבַר* (Pi) speak [dā/ḇár*] 1130

דָּבָר word, thing, matter [dā/bár] 1426

דָּוִד David [dā/wíd] 1031

הוּא (pers pr) he [hû'] 1533

הָלַךְ go, walk [hā/lák] 1504

הֵמָּה; הֵנָּה (pers pr pl m; f) they [hém/mâ; hén/nâ] 1553

הִנֵּה (dem interj) behold! lo! (cf I הֵן, 3.G) [hin/néh] 1037

זֶה; זֹאת (dem pr, s m; f) this [zeh; zō't] 1752

יָד hand [yād] 1580

יָצָא go (come) out, go (come) forth [yā/sá'] 1055

יָשַׁב sit, dwell, inhabit [yā/šáb] 1078

לִפְנֵי (prep) before [liþ/nê] 1099

מִן (prep) from, out of, part of, because of; (comp) than [min] 1279

נָתַן give [nā/tán] 1994

(II) עַד (prep) to, unto, as far as (spacial); until, while (temporal) ['ad] 1246

(I) עִיר; עָרִים (f; irr pl) city ['îr; 'ā/rím] 1080

(II) עַם people ['am] 1827

עִם (prep) with ['im] 1076

פָּנִים face [pā/ním] 2120

רָאָה see [rā/'á] 1294

שׁוּב turn, return [šûb] 1055

שָׁמַע hear, give ear to, obey [šā/má'] 1136

C. Words Occurring from 999 Times to 730 Times (28)

אָדוֹן; אֲדֹנָי lord, master; the Lord ['ā/dṓn; 'ǎdō/nái] 770

אֶחָד; אַחַת (s m; f) one ['e/ḥád; 'a!/ḥát] 959

(I) אַיִן; אֵין (abs; cstr) there is/are not (non-existence) ['á/yin; 'ên] 773

אָכַל eat, devour ['ā/kál] 795

(I) אַל no, not ['al] 738

אֵלֶּה (dem pr; c pl) these ['él/leh] 738

אִשָּׁה; נָשִׁים (s; irr pl) woman ['iš/šá; nā/ším] 779

אַתָּה; אַתְּ (s m; f) you ['at/tâ; 'at] 893

גַּם (adv, conj) also, indeed [gam] 812

יָדַע know, notice [yā/dá'] 924

(I) יְהוּדָה; יְהוּדִי Judah; (gent adj, n) Judean, Judahite [yəhû/dá; yəhû/dî] 889

כֹּהֵן priest [kō/hén] 749

לֵב; לְבָב heart [lēb; lē/báb] 844

לָקַח take [lā/qáḥ] 964

מָה, מֶה, מַה (interr pr) what? how? [mâ, meh, mah] 760

מוּת die [mût] 737

מֹשֶׁה Moses [mō/šéh] 763

נֶפֶשׁ life, self; throat [né/þeš] 753

(I) עֶבֶד servant ['é/bed] 800

עַיִן eye; fountain ['á/yin] 867

עָלָה go up ['ā/lâ] 879

עֶשֶׂר; עֶשְׂרִים (s m; c pl) ten (plus num. = 11-19); twenty [ʿă/śár; ʿeś/rîm] 819

(I) קָרָא call, meet; read (aloud) [qā/rắ] 730

שָׁלַח stretch out, let go, send [šā/láḥ] 839

שָׁם (adv) there [šām] 817

(I) שֵׁם name [šēm] 862

שָׁנָה year [šā/nấ] 871

שְׁנַיִם; שְׁתַּיִם (du m; f) two [šəná/yim; šətá/yim] 739

D. Words Occurring between 729 and 500 Times (26)

(I) אָדָם man [ʾă/dắm] 553

(II) אָח brother [ʾāḥ] 626

אַחַר behind, after [ʾa!/ḥár] 713

(I) בַּת daughter [bat] 582

גָּדוֹל (adj) great [gā/dôl] 525

גּוֹי people, nation [gôy] 545

דֶּרֶךְ way, road, journey; (ext) custom [dé/rek] 698

הִיא (pers pr) she [hîʾ] 541

הַר mountain, range [har] 554

(I) טוֹב (v) be good; (adj) good; (n) goodness [ṭôḇ] 612

יְרוּשָׁלַם (Q) Jerusalem (26 times in Aramaic) [yərû/šā/lá/im] 667

כַּאֲשֶׁר (conj) as [ka!/ʾăšér] 504

כֹּה (adv) thus, so [kōh] 554

כֵּן (adv, adj, n) rightly, upright, right (I);

(adv) thus, so (II) [kēn] 707

(I) מֵאָה hundred; (du) two hundred [mē/ʾấ] 577

מַיִם water [má/yim] 574

מִצְרַיִם; מִצְרִי Egypt; (gent) Egyptian [miṣ/rá/yim; miṣ/rî] 708

נָכָה (Ni) be hit; (Hi) smite [nā/kấ] 504

נָשָׂא lift up, bear, carry [nā/śắ] 651

(I) עָבַר pass over, transgress [ʿă/ḇár] 539

עָמַד stand [ʿă/mád] 519

קוּם rise, stand [qûm] 624

(I) רֹאשׁ head [rōʾš] 593

רָע, רַע; רָעָה (s m; f; adj, n) evil [rāʿ, raʿ; rā/ʿấ] 661

(I) *שִׂים set, place [śîm*] 584

שָׁלשׁ, שְׁלשָׁה; שְׁלשִׁים (s m, f; pl) three; thirty [šā/lóš, šəlō/šấ; šəlō/šîm] 586

SECTION 2: HEBREW WORDS OCCURRING BETWEEN 500 AND 200 TIMES (136)

A. *Words Occurring between 500 and 400 Times (28)*

אֶ֫לֶף thousand (II?); tribe, clan (III?) [ʼé/lep̄] 494

אַרְבַּע, (s m, f; pl) four; forty [ʼar/báʻ, ʼar/-

אַרְבָּעָה; bā/ʻáʼ; ʼar/bā/ʻîm] 444

אַרְבָּעִים (I)

תָּ֫וֶךְ בְּתוֹךְ Cf

חָמֵשׁ, חֲמִשָּׁה; (s m, f; pl) five; fifty [ḥā/méš, ḥămiš/šáʼ;

חֲמִשִּׁים ḥămiš/šîm] 478

חֶ֫רֶב sword [ḥé/reḇ] 407

יָלַד bring forth, bear [yā/láḏ] 488

מִזְבֵּ֫חַ altar [miz/bé°ḥ] 401

מִי (interr) who? [mî] 406

מָצָא find; (Hi) present [mā/ṣáʼ] 451

מִשְׁפָּט judgment, custom, justice [miš/páṭ] 425

נָא (I) (particle of entreaty) pray, now; please [nāʼ] 401

נָפַל fall [nā/p̄ál] 433

עוֹד yet, still, again [ʻôḏ] 481

עוֹלָם, עֹלָם remote time; forever, eternity [ʻô/lám; ʻō/lám] 434

עַתָּה now [ʻat/tấ] 432

פֶּה; כְּפִי, לְפִי mouth; (conj) according to [peh; kəp̄î, ləp̄î] 492

צָבָא (I) service in war; host, army [ṣā/ḇáʼ] 485

צָוָה* (Pi) command [ṣā/wấ*] 494

קֹ֫דֶשׁ (adj, n) holy (thing) [qṓ/ḏeš] 430

קוֹל voice, sound [qôl] 499

רַב (adj) much, many (I?); (ctxt) captain, chief (II?) [raḇ] 475

שַׂר official, leader, prince [śar] 412

שָׁאוּל Saul [šā/ʼûl] 406

שֶׁ֫בַע, שִׁבְעָה; (s m, f; pl) seven; seventy [šé/ḇaʻ,

שִׁבְעִים (I) šiḇ/ʻáʼ; šiḇ/ʻîm] 492

שָׁמַ֫יִם heavens, sky [šā/má/yim] 416

שָׁמַר keep watch, guard [šā/már] 465

תָּ֫וֶךְ; בְּתוֹךְ midst, middle; (prep) within, through [tấ/wek; bətôḵ] 416

תַּ֫חַת (I) (prep) beneath, under, instead of [tá/ḥat] 490

B. *Words Occurring 399 through 310 Times (29)*

אֹ֫הֶל (I) tent [ʼṓ/hel] 342

אַהֲרוֹן Aaron [ʼa!/hărôn] 347

אוֹ (conj) or [ʼô] 311

אֵשׁ (I) fire [ʼēš] 375

אַתֶּם; אַתֶּן (pl m; f) you ['at/tém; 'at/tén] 330

בֵּין; בֵּ֫ין (cstr prep) between; (n) interval [bên; bá/yin] 396

בָּנָה build [bā/nâ] 373

(II) בָּרַךְ bless [bā/rák] 328

דָּם blood [dām] 356

זָהָב gold [zā/háḇ] 383

חַי; חַיִּים (n) life (I), (adj) living (II); (pl) lifetime (I) [ḥai; ḥay/yîm] 386

יָם sea; (ext) west [yām] 392

יַעֲקֹב Jacob [ya!/ʿăqóḇ] 348

(I) יָרֵא (stat) fear, be afraid [yā/rḗ'] 377

יָרַד go down [yā/ráḏ] 380

כְּלִי vessel, utensil [kəlî] 324

כֶּסֶף silver [ké/seḇ] 399

לֵוִי Levi (4 times in Aramaic) [lē/wî] 353

מִלְחָמָה war, battle [mil/ḥā/mấ] 319

(I) מָלַךְ reign, be king [mā/lák] 347

מָקוֹם place [mā/qốm] 399

נְאֻם utterance, declaration [nə'úm] 378

נָבִיא prophet [nā/ḇî'] 313

נָגַד (Hi) make known, report, tell [nā/ḡáḏ] 369

(I) עָנָה answer [ʿā/nâ] 314

עֵץ (also coll) tree [ʿēṣ] 330

רוּחַ spirit, wind [rû°ḥ] 376

שָׂדֶה; שָׂדַי open field [śā/déh; śā/ḏái] 332

(I) שַׁעַר gate [šá/ʿar] 368

C. Words Occurring 309 through 270 Times (26)

אֹיֵב, אוֹיֵב enemy ['ō/yéḇ; 'ô/yéḇ] 281

(II) אַף nose, nostril; (ext) anger ['aḇ] 279

בָּבֶל; בַּבְלִי Babylon (Babel); (gent) Babylonians [bā/ḇél; baḇ/lái] 288

בְּרִית covenant [bərîṯ] 287

בָּשָׂר flesh [bā/śár] 270

(I) חֹדֶשׁ new moon, month [ḥó/ḏeš] 278

חָזַק be(come) strong; (Hi) seize, grasp [ḥā/záq] 288

חַטָּאת sin, sin-offering, expiation [ḥaṭ/ṭá'ṯ] 296

חָיָה live, be (stay) alive [ḥā/yâ] 281

כָּרַת cut off, fell, exterminate; make (a covenant) [kā/ráṯ] 287

לֶחֶם bread [lé/ḥem] 296

מְאֹד (n) force, might; (adv) very, exceedingly [mə'ōḏ] 287

(I) מִדְבָּר pasturage, wilderness, steppe [miḏ/bár] 271

מִשְׁפָּחָה (extended) family; clan [miš/pā/ḥấ] 300

סָבִיב (n) circuit; (adv) all around, round about, surrounding [sā/ḇîḇ] 309

סוּר turn aside; (Hi) take away, remove [sûr] 298

עָבַד serve ['ā/bád] 289

(I) עָלָה burnt offering ['ō/lấ] 288

עֵת time ['ēt] 282

פְּלִשְׁתִּי; פְּלֶשֶׁת (gent n) Philistine(s); Philistia [pəliš/tî̃; pəlé/šet] 294

פָּקַד visit, number, appoint; miss; take care of; muster [pā/qádַ] 301

פַּרְעֹה Pharaoh [par/ʿốh] 273

צֹאן; צֹנֶה flock [ṣōʾn; ṣō/néh] 275

קָרַב draw near [qā/ráḇ] 291

שְׁלֹמֹה Solomon [šəlō/mốh] 293

שֵׁשׁ, שִׁשָּׁה; (s m, f; pl) six; sixty

(I) שִׁשִּׁים [šēš, šiš/šấ; ši/šî̃m] 272

D. Words Occurring 269 through 220 Times (31)

אֶבֶן (f) stone ['é/ben] 268

אַבְרָהָם; אַבְרָם Abraham; Abram ['aḇ/rā/hấm; 'aḇ/rấm] 235

(I) אֲדָמָה ground ['ăḏā/mấ] 225

(V) אֵל Mighty One, God (god) ['ēl] 236

(I) אַמָּה forearm, cubit ['am/mấ] 226

בָּקַשׁ (Pi) seek [bā/qáš] 225

גְּבוּל boundary, territory [gəḇûl] 241

זָכַר remember [zā/kár] 230

זֶרַע seed [zé/raʿ] 228

חָטָא miss (a mark), sin [ḥā/ṭấ] 237

חַיִל strength; wealth; army [ḥá/yil] 246

(II) חֶסֶד loyalty, kindness, devotion, steadfast love [ḥé/sed] 250

יְהוֹשֻׁעַ; יֵשׁוּעַ Joshua [yəhô/šûʿᵃ; yē/šûʿᵃ] 247

יָרַשׁ subdue, possess, dispossess (I?); tread (II?) [yā/ráš] 231

יָשַׁב (Qal part) inhabitant [yō/šéḇ] 260

כָּתַב write [kā/táḇ] 222

לַיְלָה; לֵיל (m) night [lá/yəlâ; lá/yil] 231

לְמַעַן (prep) for the sake of, on account of; (conj) in order that [ləmá/ʿan] 269

מוֹעֵד appointed place or time; season [mô/ʿḗd] 223

מַטֶּה rod, staff; (ext) tribe [maṭ/ṭéh] 252

מָלֵא (stat) be full; (Pi) fill, fulfill [mā/lḗʾ] 250

מַעֲשֶׂה work [ma!/ʿăśéh] 235

(I) נַחֲלָה inheritance [na!/ḥălâ] 223

נַעַר lad, youth [ná/ʿar] 240

עָוֹן transgression, iniquity ['ā/wốn] 231

קֶרֶב; בְּקֶרֶב inward part, midst; (prep) in (the midst of) [qé/reb; bəqé/reb] 227

(I) רָבָה be(come) numerous, be great; (Hi) multiply, make many [rā/ḇấ] 226

רֶגֶל foot [ré/ḡel] 252

רָשָׁע; רִשְׁעָה (s m;f; adj) guilty; (n) wicked (one) [rā/šá'; rəšā/'â] 264

שָׁלוֹם peace, health [šā/lṓm] 242

תּוֹרָה teaching, law [tô/râ] 220

E. Words Occurring 219 through 200 Times (22)

אָהֵב love, like ['ā/háḇ] 205

אֵם mother ['ēm] 219

אָסַף gather, take in ['ā/sáp̄] 203

אָרוֹן ark, chest ['ărṓn] 202

(II) בֶּגֶד garment [bé/ḡeḏ] 214

(II) בֹּקֶר morning [bṓ/qer] 200

יוֹסֵף Joseph [yô/sép̄] 214

יָסַף add [yā/sáp̄] 212

יָשַׁע (Ni) be saved; (Hi) save [yā/šá'] 205

כָּבוֹד possessions, honor, glory [kā/ḇṓḏ] 200

כּוּן (Ni) be firm, established; (Pol) establish; (Hi) prepare [kûn] 219

(I) כָּלָה cease, come to an end, finish, complete [kā/lâ] 204

מַחֲנֶה camp, army [ma!/ḥănéh] 219

מַלְאָךְ messenger [mal/'ăḵ] 213

מִנְחָה gift; offering [min/ḥâ] 211

נָטָה turn, stretch out [nā/ṭâ] 215

נָצַל (Ni) be delivered; (Hi) snatch away [nā/ṣál] 208

(I) עָזַב leave, abandon ['ā/záḇ] 212

צַדִּיק (adj) righteous, just [ṣad/dîq] 206

שָׁכַב lie down; have sexual intercourse [šā/ḵáḇ] 211

שָׁפַט judge, enter into controversy; (Ni) plead [šā/p̄áṭ] 203

(II) שָׁתָה (v) drink [šā/ṯâ] 217

SECTION 3: HEBREW WORDS OCCURRING FROM 199 THROUGH 100 TIMES (185)

A. Words Occurring 199 through 175 Times (24)

אָבַד perish; (Pi) destroy; (Hi) exterminate ['ā/b̪ád̪] 183

אֹ֫זֶן ear ['ó/zen] 187

אֶפְרַ֫יִם; אֶפְרָתִי Ephraim; (gent) Ephraimite ['ep̄/rá/-yim; 'ep̄/rā/t̪ı̂] 182

בְּהֵמָה; בְּהֵמוֹת cattle, animals; (pl of ext) crocodile? [bəhē/máˊ; bəhē/mót̪] 192

בִּנְיָמִן; בֶּן־יְמִינִי Benjamin; (gent) Benjamites [bin/yā/mín; ben-yəmî/nî] 180

(I) בַּ֫עַל owner, husband; Baʿal [báˊ/ʿal] 198

בָּקָר (coll) cows, herd(s), cattle [bā/qár] 183

גָּלָה reveal, uncover (I?); depart, go into captivity (II?) [gā/lâˊ] 187

זָקֵן (adj) old; (n) old man, elder [zā/qén] 178

חָצֵר permanent settlement, court, enclosure [ḥā/ṣér] 193

יָכֹל (stat) be able [yā/k̪ól] 194

יַרְדֵּן Jordan [yar/dén] 181

כַּף hand, palm [kap̄] 192

לָכֵן (adv) therefore [lā-k̪én] 196

מוֹאָב; מוֹאָבִי Moab; (gent) Moabite(s) [mô/'áb̪; mô/'ā/b̪ı̂] 199

מִצְוָה commandment [miṣ/-wâˊ] 181

סֵ֫פֶר scroll [sēˊ/p̄er] 185

רִאשׁוֹן (ord) first [ri'/šón] 182

רום* be(come) high, exalted [rûm*] 195

(II) רֵ֫עַ friend, fellow, companion [rḗaʿ] 195

שָׂפָה lip; (ext) shore [śā/p̄âˊ] 178

שֵׁ֫בֶט rod, staff; (ext) tribe [šēˊ/b̪eṭ] 190

שׁבע* (Ni, Hi) swear [šā/b̪áˊ*] 186

שֶׁ֫מֶן oil [šēˊ/men] 193

B. Words Occurring 174 through 160 Times (27)

(I) אַחֵר (adj) another ['a!/ḥér] 166

(I) אַ֫יִל ram ['áˊ/yil] 161

אַךְ (adv) only; surely ['ak̪] 160

(I) בָּחַר choose [bā/ḥár] 173

בִּין* understand, perceive
[bîn*] 171

גִּבּוֹר warrior, mighty man
[gib/bôr] 161

(II) דּוֹר generation, lifetime,
life-span [dôr] 169

דָּרַשׁ seek [dā/ráš] 163

הָרַג kill [hā/ráḡ] 168

(I) זֶבַח (n) sacrifice [zé/baḥ]
162

(II) חָוָה* (Hisht) bow down
[ḥā/wấ*] 174

חוּץ (n) place outside the
house, street; (prep,
adv) outside,
without [ḥûṣ] 165

טָמֵא (stat) be unclean
[ṭā/mḗ] 161

כְּנַעַן; כְּנַעֲנִי Canaan; (gent)
Canaanite [kəná/ʿan;
kəna!/ʾănî] 163

(I) לָחַם (Ni) fight [lā/ḥám] 171

לָמָּה, לָמֶה (interr pr) why?
[lắm/mâ, lā/mấ] 173

מְלָאכָה work [məlā'/kấ] 167

נוּס* flee [nûs*] 160

סָבַב turn around [sā/báb]
162

סָפַר write, count, number;
(Pi) recount, report,
enumerate [sā/p̄ár]
162

עֶשֶׂר ; עֲשָׂרָה (group of) ten,
decade [ʿé/śer;
ʿă/śārấ] 173

פֶּתַח gate, opening,
entrance [pé/taḥ] 163

קָדַשׁ be holy; (Pi) conse-
crate [qā/dáš] 172

(I) רָעָה feed, graze, tend
(cattle) [rā/ʿấ] 171

שָׁאַל ask (for), demand
[šā/ʾál] 173

שָׁחָה see (II) חָוָה* 174

שָׁחַת* (Ni) be corrupt,
spoiled; (Pi) spoil,
ruin; (Hi) destroy
[šā/ḥát*] 161

C. *Words Occurring 159 through 144 Times (26)*

אֲנַחְנוּ (pers pr c) we
[ʾănáḥ/nû] 156

אֲרָם; אֲרַמִּי Aram, Syria; (gent)
Aramean(s),
Syrian(s) [ʾărám;
ʾăram/mî] 155

אַשּׁוּר Assyria, (as gent)
Assyrian [ʾaš/šûr] 152

(II) הָלַל* (Pi) praise; (Hith)
boast [hā/lál*] 145

חָכְמָה experience, shrewd-
ness, wisdom
[ḥok/mấ] 152

יוֹאָב Joab [yô/ʾáb] 146

יִרְמְיָה; יִרְמְיָהוּ Jeremiah [yir/məyấ;
yir/məyắ/hû] 147

כָּסָה* (Pi) cover, conceal
[kā/sấ*] 157

לְבַד (adv) alone; (prep)
besides [lə́bad] 155

מָוֶת death [mắ/wet] 159

מְנַשֶּׁה Manasseh
[mənaš/šéh] 150

נֶגֶד (n, prep, adv) oppo-
site, before [né/ḡed]
151

נָגַע touch, reach; come to
[nā/ḡáʿ] 150

נָסַע depart [nā/sáʿ] 146

(I) עֵדָה congregation [ʿē/dấ] 149

פַּר; פָּרָה (m; f) young bull; cow [par; pā/rấ] 159

(I) פָּתַח open; (Pi) loosen, free [pā/táḥ] 144

צְדָקָה righteousness [ṣədā/qấ] 157

צִיּוֹן Zion [ṣiy/yôn] 154

(I) צָפוֹן north [ṣā/p̄ôn] 153

רֹב multitude, abundance [rōḇ] 153

שָׂמַח rejoice; (Pi) gladden [śā/máḥ] 156

שָׂנֵא hate; (Qal and Pi part) adversary, enemy [śā/nḗʾ] 148

(I) שָׁבַר break [šā/ḇár] 149

שְׁמֹנֶה, שְׁמֹנָה; שְׁמֹנִים (s m, f; pl) eight; eighty [šəmō/néh, šəmō/nấ; šəmō/nîm] 147

שֵׁנִי (ord) second [šē/nî] 156

D. Words Occurring 143 through 134 Times (26)

אָז; מֵאָז (adv) then; formerly, since [ʾāz; mē/ʾáz] 141

זֶבַח slaughter, sacrifice; (Pi) sacrifice [zā/ḇáḥ] 136

חָכָם (adj) wise [ḥā/ḵám] 138

(I) *חָלַל (Ni) be defiled; (Pi) pollute, profane; (Hi) begin [ḥā/lál*] 134

(I) חָנָה encamp [ḥā/nấ] 143

יַחַד; יַחְדָּו (n) community; (adv) together, at the same time [yá/ḥad; yaḥ/dáw] 142

יַיִן wine [yá/yin] 141

(I) יָמִין right hand/side; south [yā/mîn] 139

יֵשׁ there is/are [yēš] 139

כְּמוֹ (rel particle) just like [kəmô] 139

כִּסֵּא seat, throne [kis/sḗ] 136

(I) מִסְפָּר (n) number [mis/pár] 134

(II) מַעַל (adj) upwards; (prep) above [má/ʿal] 138

מִשְׁכָּן dwelling, tabernacle [miš/kān] 139

(I) נוּחַ (v) rest, settle down, make quiet; (Hi) lay, deposit [nûªḥ] 143

(I) נַחַל torrent valley, wadi [ná/ḥal] 138

(I) נְחֹשֶׁת copper, bronze [nəḥó/šet] 139

(I) סוּס; סוּסָה (m; f) horse; mare [sûs; sû/sấ] 139

עֲבוֹדָה service [ʿăḇô/dấ] 143

(II) עֶרֶב evening [ʿé/reḇ] 134

פָּנָה turn about, turn aside [pā/nấ] 134

(II) קָרָא happen; (inf cstr as prep) against [qā/ráʾ] 139

רָדַף pursue, persecute [rā/dáp̄] 143

שֶׁ־ (pref rel particle) who, which; that (with *dāḡēš* in following cons) 139

שְׁמוּאֵל Samuel [šəmû/'él] 139

שֶׁמֶשׁ sun [šé/meš] 134

E. *Words Occurring 133 through 121 Times (28)*

אוֹר light ['ôr] 125

אֱמֶת trustworthiness, stability, truth ['ĕmet] 127

(I) אַף (conj) also, even, the more so ['ap̄] 130

(I) בּוֹשׁ be ashamed [bôš] 126

בְּכֹר, בְּכוֹר firstborn [bəḵōr, bəḵôr] 122

גָּדַל be(come) strong, great; (Pi) bring up, let grow, nourish [gā/dál] 122

חוֹמָה (city) wall [ḥô/mấ] 133

חִזְקִיָּה; חִזְקִיָּהוּ Hezekiah [ḥiz/qiy/yấ; ḥiz/qiy/yắ/hû] 131

חֵמָה heat; rage, wrath; poison [ḥē/mấ] 126

חֲצִי half [ḥăṣî'] 123

חֹק prescription, rule [ḥōq] 128

חָשַׁב (v) account, regard, value [ḥā/šáb̄] 124

יְהוֹנָתָן Jonathan [yəhô/nā/tắn] 124

כֶּבֶשׂ; כִּבְשָׂה (m; f) young ram; ewe-lamb [ké/beś; kib̄/śấ] 129

(I) כֹּחַ strength, power [kố‘aḥ] 125

כֶּשֶׂב; כִּשְׂבָּה Cf [ké/śeb̄; kiś/-bấ]

לָכַד seize, capture [lā/ḵád] 121

נָגַשׁ draw near, approach [nā/ḡaš] 125

(I) נָשִׂיא prince [nā/śî'] 133

עַמּוֹן; עַמּוֹנִי Ammon; (gent) Ammonites ['am/môn; 'am/mô/nî] 122

(I) עֶצֶם (s, coll) bone ['é/ṣem] 123

פֶּן־ (conj) lest [pen-] 133

קָבַץ assemble, gather together [qā/báṣ] 127

קָבַר bury [qā/bár] 132

קָהָל assembly, congregation [qā/hál] 123

שָׁאַר remain; (Ni, Hi) be left over [šā/'ár] 133

שָׁכַן (v) tent, dwell, settle [šā/ḵán] 130

שָׁלַךְ (Hi) throw, cast [šā/láḵ] 125

F. *Words Occurring 120 through 112 Times (27)*

אֱדוֹם; אֲדוֹמִי Edom; (gent) Edomite(s) ['ĕdốm; 'ădô/mî] 112

אָחוֹת sister ['ā/ḥốt] 114

(I) בָּטַח trust; fall to the ground? be reckless (II?) [bā/ṭáḥ] 119

בָּכָה weep [bā/ḵấ] 114

(II) *יָדָה (Pi) throw, cast; (Hi, Hith) thank, praise, confess [yā/dấ*] 115

יָטַב be good (cf טוב, 4.B; (I) טוב, 1.D) [yā/ṭáḇ] 120

יִצְחָק Isaac [yiṣ/ḥáq] 112

יָשָׁר (adj) straight, right, upright [yā/šár] 119

כָּבֵד (stat) be heavy, honored [kā/ḇéḏ] 114

לָבַשׁ put on, clothe [lā/ḇáš] 113

לִקְרַאת (inf cstr as prep) over against, opposite [liq/rá't] 120

לָשׁוֹן tongue [lā/šốn] 117

מִגְרָשׁ pasture, untilled ground; produce [miḡ/ráš] 115

מַמְלָכָה kingdom [mam/lā/ḵấ] 117

נָבָא (Ni, Hith) prophesy [nā/ḇấ] 115

נָהָר river, stream [nā/hár] 117

פְּרִי fruit; offspring [pərî] 119

צֶדֶק righteousness; what is right, just [ṣé/ḏeq] 116

קָדוֹשׁ (adj) holy [qā/ḏốš] 115

קָטַר (Pi) send an offering up in smoke; (Hi) make smoke [qā/ṭár] 116

רֶכֶב chariot, chariotry [ré/ḵeḇ] 120

שָׂרַף burn [śā/ráp̄] 117

שָׁלֵם (stat) be whole, complete; (Pi) repay; (Hi) make peace with [šā/lếm] 117

שֹׁמְרוֹן Samaria (2 times in Aramaic) [šōm/rốn] 112

שָׁפַךְ pour out [šā/p̄áḵ] 116

שֶׁקֶר lie, falsehood, deception [šé/qer] 113

תּוֹעֵבָה abomination [tô/'ē/ḇấ] 118

G. Words Occurring 111 through 100 Times (27)

אַבְשָׁלוֹם Absalom ['aḇ/šā/lốm] 107

(I) *אָמֵן (Ni) be steady, firm, trustworthy, faithful; (Hi) believe ['ā/mḗn*] 100

בִּלְתִּי (n) non-existence; (adv) not; (prep) except [bil/tî] 111

בָּמָה high place, funerary installation [bā/mấ] 103

(I) בַּעַד; בְּעַד (n) distance; (prep) behind, through, for (the benefit of) [bá/'aḏ] 101

(I) גָּאַל redeem [gā/'ál] 104

גִּלְעָד; גִּלְעָדִי Gilead; (gent) Gileadites [gil/'áḏ; gil/'ā/ḏî] 108

(I) הֵן (dem interj) behold!; (conj) if (cf הִנֵּה, 1.B) [hēn] 100

חֻקָּה statute, prescription [ḥuq/qấ] 104

יָרׇבְעָם Jeroboam [yā/roḇ/-'ấm] 104

יָתַר (Ni, Hi) be left, remain [yā/ṭár] 106

כָּנָף wing [kā/náp̄] 110

כָּפַר cover; (Pi ext) expiate [kā/p̄ár] 102

מַרְאֶה sight, appearance [mar/ʾéh] 103

נֶגֶב the dry country; south, Negev [né/g̱eḇ] 110

נָחַם (Ni) be sorry, repent; (Pi) comfort, console [nā/ḥám] 108

עַמּוּד pillar, column [ʿam/mū́ḏ] 111

עָפָר dry earth, dust [ʿā/p̄ár] 110

פַּעַם foot, step; time [pá/ʿam] 111

רוּץ run [rûṣ] 103

רֹחַב breadth [rṓ/ḥaḇ] 101

רָעָב hunger, famine [rā/ʿáḇ] 103

(II) רַק (adv) only [raq] 108

שַׁבָּת sabbath, rest [šab/bā́t] 106

שָׁכַח forget [šā/k̠áḥ] 102

שְׁלִישִׁי (ord) third; (fract) one-third [šəlî/šî́] 107

תָּמִיד (n) continuance; (adv) continually, regularly [tā/mî́ḏ] 104

SECTION 4: HEBREW WORDS OCCURRING FROM 99 THROUGH 50 TIMES (313)

A. *Words Occurring 99 through 93 Times (26)*

אַחְאָב Ahab [ʾaḥ/ʾắḇ] 93

אֹרֶךְ length [ʾṓ/reḵ] 95

גֵּר stranger [gēr] 93

הָפַךְ turn, overturn [hā/p̄áḵ] 95

זָנָה commit fornication; play the harlot [zā/nâ] 95

(I) חַיָּה (s or pl coll) animals [ḥay/yấ] 97

חָלָל (n, adj) slain, struck dead [ḥā/lắl] 94

(I) חֲמוֹר (male) ass [ḥămôr] 97

(I) חָרָה be(come) hot, burning, angry [ḥā/râ] 94

טָהוֹר (adj) clean, pure [ṭā/hôr] 95

טָהֵר be clean, pure [ṭā/hḗr] 94

יַעַן (prep) on account of; (conj) because [yá/ʿan] 93

(I) יֶתֶר remainder [yé/ṯer] 96

(I) כֶּרֶם vineyard [ké/rem] 93

(I) *מָלַט (Ni) escape; (Pi) save, deliver [mā/láṭ*] 95

מְעַט (adj) (a) few; (n) a little [mə/ʿaṭ] 96

עוֹר skin, leather [ʿôr] 99

עֹז, עַז strength, power, might [ʿṓz, ʿāz] 94

עֵשָׂו Esau [ʿē/śắw] 96

פֶּשַׁע rebellion, revolt, transgression [pé/šaʿ] 93

(I) רָעַע be wicked, evil [rā/ʿáʿ] 99

שָׂבַע satisfy, be satiated [śā/ḇáʿ] 97

שִׂמְחָה joy, rejoicing [śim/ḥâ] 94

שְׁבִיעִי (ord) seventh [šəḇî/ʿî] 96

שָׁמֵם (stat) be astonished; be desolate [šā/mḗm] 95

שָׁרַת (Pi) minister to, serve [šā/ráṯ] 98

B. *Words Occurring 92 through 86 Times (31)*

אֱמֹרִי (gent) Amorite(s) [ʾĕmō/rî] 86

בָּעַר consume, burn (I?); graze (II?) [bā/ʿár] 87

דֶּלֶת door [dé/leṯ] 87

דַּעַת knowledge [dá/ʿaṯ] 91

הָמוֹן tumult, turmoil, multitude [hā/môn] 86

זְרוֹעַ arm, forearm [zərôaʿ] 91

(I) חֵלֶב fat [ḥé/leḇ] 92

(I) חָפֵץ please, delight, take pleasure [ḥā/p̄éṣ] 86

טוֹב be good, pleasant (cf יָטַב, 3.F; (I) טוּב, 1.D) [ṭôḇ] 90

טָמֵא ;טֻמְאָה (adj, m; f) unclean [ṭā/mḗʾ; ṭəmē/ʾấ] 88

יְהוֹשָׁפָט Jehoshaphat [yəhô/šā/p̄áṭ] 86

יֶלֶד; יַלְדָּה (s m; f) male child, boy; girl [yé/led; yal/dấ] 92

(I) כְּרוּב cherub [kərûḇ] 92

(I) כַּשְׂדִּים Chaldea; (gent) Chaldean (9 times in Aramaic) [kaś/dîm] 89

מַלְכוּת dominion; kingdom [mal/kûṯ] 91

נְבוּכַדְנֶאצַּר Nebuchadnezzar (spelled 5 ways in MT; 31x Aramaic) [nəḇû/kaḏ/neʾṣ/ṣár] 91

סָגַר shut, close; (Hi) deliver up, give in one's power [sā/ḡár] 90

(I) עֵבֶר side, region; opposite side [ʿé/ḇer] 91

(I) עָנָן clouds [ʿā/nắn] 86

(I) עֵצָה advice, counsel [ʿē/ṣấ] 89

פֵּאָה side, rim, corner; piece? (II?); luxury? (III?) [pē/ʾấ] 86

קֶדֶם; קֵדֶם in front, east; east(ward) [qē/dem; qḗ/dem] 87

קָצֶה end, border, extremity [qā/ṣéh] 90

רְאוּבֵן; רְאוּבֵנִי Reuben; (gent) Reubenite [rə̓ û/ḇén; rə̓ û/ḇē/nî] 87

שִׁיר sing [šîr] 88

שִׁיר; שִׁירָה (m; f) song [šîr; šî/rấ] 91

שִׁית put, place [šîṯ] 87

שֶׁלֶם final (or peace) offering [šé/lem] 87

שָׁמַד (Ni) be destroyed, exterminated; (Hi) exterminate [šā/máḏ] 90

שֶׁקֶל *shekel* (unit of weight) [šé/qel] 88

תָּמִים (adj) whole, entire; blameless [tā/mîm] 91

C. *Words Occurring 85 through 79 Times (27)*

אָוֶן wickedness, iniquity [ʾắ/wen] 80

אוֹצָר supply, store-house, treasure [ʾô/ṣắr] 79

(I) אוֹת sign [ʾôṯ] 79

אֲרִי; אַרְיֵה (m; m and f) lion [ʾărî̂; ʾar/ếh] 83

גָּד; גָּדִי Gad; (gent) Gadites [gāḏ; gā/ḏî] 85

(I) *גוּר sojourn [gûr*] 81

דָּנִיֵּאל Daniel (52 times in Aramaic section of Daniel) [dā/niy/yḗʾl] 81

הֵיכָל palace, temple [hê/ kál] 80

זָכָר man; male (animal) [zā/kár] 82

חֹשֶׁךְ darkness [ḥṓ/šek] 82

יָעַץ give counsel, advice [yā/ʿáṣ] 82

לָמַד learn; (Pi) teach [lā/mád] 85

(I) *מָהַר (Pi) hasten [mā/hár*] 83

מָכַר sell [mā/kár] 81

(II) מָשַׁל rule, govern [mā/šál] 82

סָתַר (Ni, intrans) conceal, hide; (Hi, trans) hide (someone) [sā/tár] 83

(III) עֵדוּת; עֵדָה warning sign, reminder; precept, commandment [ʿē/dût; ʿē/dấ] 83

עָזַר help, assist [ʿā/zár] 82

(II) עָנָה bend down, be afflicted, humble; (Pi) oppress, humiliate [ʿā/nấ] 79

(II) *פָּלַל (Hith) pray [pā/lál*] 80

קָלַל be slight, trifling, swift; (Pi) declare cursed; (Hi) make light [qā/lál] 82

קָרְבָּן offering, gift [qor/bắn] 80

רָחוֹק (adj) far, distant; (n) distance [rā/ḥốq] 85

רֹעֶה (Qal part) shepherd [rō/ʿéh] 84

שׁוֹר bull(ock), steer [šôr] 79

(I) שָׁחַט slaughter, kill [šā/ḥát] 85

שָׁקָה (Hi) give to drink [šā/qấ] 79

D. Words Occurring 78 through 75 Times (28)

בַּרְזֶל iron [bar/zél] 76

גּוֹרָל lot; (ext) allotment [gô/rắl] 78

דָּן; דָּנִי Dan; (gent) Danites [dān; dā/nî] 78

חֶבְרוֹן Hebron [ḥeb/rốn] 77

חָלָה be(come) weak, sick [ḥā/lấ] 77

(I) חָנַן be gracious to, favor; (Hith) implore favor or compassion [ḥā/nán] 77

יְשׁוּעָה deliverance, salvation [yəšû/ʿấ] 78

(I) מָאַס reject [mā/ʾás] 75

מָאתַיִם (du) two hundred [mā/tá/yim] 77

מִקְנֶה possession (of land, cattle) [miq/néh] 76

מִשְׁמֶרֶת (n) guard, obligation, service [miš/mé/ret] 78

נֶגַע blow, assault; plague [né/ḡaʿ] 78

נָצַב (Ni) take one's stand, be stationed (I?); wretched? (II?) [nā/ṣáb] 75

(III) *עוּר arouse, awake [ʿûr*] 76

עָנִי (adj) afflicted, poor [ʿā/nî] 76

עָרַךְ arrange, set in order [ʿā/rák] 75

(I) צוּר boulder, (large) rock [ṣûr] 75

(II) צַר adversary, foe [ṣar] 76

קָנָה (I) acquire, buy [qā/nấ] 78

קָרוֹב; קְרוֹבָה (adj m; f) near, imminent [qā/rốḇ; qərô/ḇấ] 78

קֶרֶן horn [qé/ren] 76

קֶשֶׁת bow (weapon); (met) rainbow [qé/šeṯ] 76

רָכַב ride [rā/ḵaḇ] 78

שָׂכַל (I) have success; (Hi) understand [śā/ḵál] 75

שָׁלָל plunder, booty [šā/lál] 76

תְּפִלָּה prayer [təpil/lấ] 78

תְּרוּמָה tribute, contribution, heave-offering [tərû/mấ] 77

תֵּשַׁע, תִּשְׁעָה; תִּשְׁעִים (s m, f; pl) nine; ninety [tḗ/ša', tiš/'ấ; tiš/'ȋm] 77

E. Words Occurring 74 through 71 Times (28)

אֵלִיָּה, אֵלִיָּהוּ Elijah ['ē/liy/yấ, 'ē/liy/yắ/hû] 71

אֶלְעָזָר Eleazar ['el/'ā/zắr] 72

אָסַר bind; (Ni, Pu) be fettered, imprisoned ['ā/sár] 71

אֶרֶז (trad) cedar ['é/rez] 73

בֶּטֶן belly, womb [bé/ṭen] 72

בְּרָכָה (I) blessing [bərā/ḵấ] 71

גָּבַהּ (stat) be high [gā/ḇáh] 74

הֶבֶל (I) breath; vanity, idol(s) [hé/ḇel] 73

זָעַק cry out; (Ni) called to arms (cf צָעַק, 4.I) [zā/'áq] 73

זָר (adj) strange, different; illicit [zār] 71

חָזָה see, perceive [ḥā/zâ] 72

חֶרְפָּה reproach, disgrace [ḥer/pấ] 73

לְבָנוֹן Lebanon [ləḇā/nốn] 71

לִין* spend the night, lodge [lȋn*] 71

מַדּוּעַ (interr adv) wherefore? why? [mad/dûᵃ'] 72

מִזְרָח sunrise, east [miz/rấḥ] 74

מִקְדָּשׁ sanctuary [miq/dắš] 74

מֵת (adj) dead [mēṯ] 72

סֶלָה *selah* (unexplained technical term of music or recitation) [sé/lāh] 74

עֵד; עֵדָה (II) (m; f) witness ['ēḏ; 'ē/dấ] 72

עוֹף (coll) flying creatures; fowl, insects ['ôp̄] 71

עֵז goat; goathair ['ēz] 74

פָּלָא* (I) (Ni) be extraordinary, wonderful [pā/lắ'*] 71

צָרָה (I) distress [ṣā/râ] 72

קִיר (I) wall [qȋr] 74

רָחַץ wash (oneself) [rā/ḥáṣ] 72

שָׁבַת cease, rest [šā/ḇáṯ] 71

שׁוֹפָר ram's horn, trumpet [šô/p̄ár] 72

F. Words Occurring 70 through 66 Times (28)

אֲבִימֶלֶךְ Abimelech [ʾăḇî/-mé/leḵ] 67

אֲחֻזָּה landed property [ʾăḥuz/zấ] 66

אַלּוּף (adj) familiar; (n) confidant (I); tribal chief (II) [ʾal/lûp̄] 69

בּוֹר cistern [bôr] 69

בֵּית(-)אֵל Bethel [bêt(-)ʾḗl] 70

בַּל (neg) not; surely? (II?) [bal] 66

(I) גֶּבֶר young man; strong man [gé/ḇer] 66

חֲלוֹם dream [ḥălôm] 66

חֵן charm, favor; grace [ḥēn] 68

כִּכָּר loaf of bread; talent; environs (all circular) [kik/kắr] 67

(I) כְּסִיל (adj) insolent (spiritual); stupid, dull (practical things) [kəsîl] 70

כְּפִי; לְפִי (conj) according to, as; so that [kəp̄î́; ləp̄î́] 67

כָּתֵף shoulder(-blade) [kā/tḗp̄] 67

כְּפִי לְפִי Cf

מִדְיָן; מִדְיָנִי Midian; (gent) Midianite (II) [miḏ/yắn; miḏ/yā/nî́] 67

מָלֵא (adj, n, pred adj) full [mā/lḗʾ] 67

מָשַׁח anoint [mā/šáḥ] 70

נבט* (Pi, Hi) look at, regard [nā/bắṭ*] 70

עֵמֶק valley [ʿḗ/meq] 68

פֹּה; פּוֹ; פֹּא here [pōh; pô; pṓʾ] 68

פָּרַשׂ (trans) spread out; (met) flaunt [pā/ráś] 67

קֶבֶר grave [qé/ḇer] 67

קָדִים east side, east [qā/ḏím] 69

קֵץ end; limit, boundary [qēṣ] 67

רָפָא heal (someone) [rā/p̄áʾ] 67

שְׁאֵרִית remainder [šəʾē/rît́] 66

שֻׁלְחָן table [šul/ḥán] 70

תָּקַע drive, thrust; strike [tā/qáʿ] 67

G. Words Occurring 65 through 63 Times (24)

אַבְנֵר Abner [ʾaḇ/nḗr] 63

(I) אָחַז seize, hold fast [ʾā/ḥáz] 63

אִשֶּׁה offering by fire [ʾiš/šéh] 65

(I) בִּלְעָם Balaam [bil/ʿám] 64

(I) גִּבְעָה hill; (cultic) high place [giḇ/ʿấ] 63

(II) חֵלֶק part, portion [ḥḗ/leq] 65

יְאֹר (great) river (Nile, Euphrates) [yəʾṓr] 64

יוֹאָשׁ Joash [yô/ʾắš] 64

יָצַר form, shape, fashion [yā/ṣár] 64

כָּשַׁל stumble, totter [kā/šál] 63

מִיכָה, מִיכָא; Micah [mî/kấ, mî/kắʾ; מִיכָיְהוּ mî/kā/yəhû́] 63

נַעֲרָה (I) young girl, maid
[na!/ʿărâ] 63

נָצח* (Pi) lead; supervise
[nā/ṣáḥ*] 65

נָצַר watch, guard [nā/ṣár]
63

פוּץ* (intrans) scatter,
disperse [pûṣ*] 65

צִדְקִיָּה; צִדְקִיָּהוּ Zedekiah [ṣid/qiy/yấ;
ṣid/qiy/yắ/hû] 63

צָלַח (be) strong, effective;
succeed [ṣā/láḥ] 65

רִיב* contend, plead (a
case) [rîb*] 64

שְׁאוֹל *sheol*, underworld
[šə/ôl] 65

שָׁכַם* (den; Hi) rise early
[šā/kám*] 65

שְׁכֶם (II) Shechem [šəkem] 64

שִׁפְחָה female slave [šip̄/ḥấ]
63

תָּמַם be complete [tā/mám]
64

תָּפַשׂ seize, take hold of
[tā/p̄áś] 64

H. *Words Occurring 62 through 58 Times (31)*

אֶבְיוֹן (adj) poor, oppressed
[ʾeb/yôn] 61

אַחֲרִית end, outcome
[ʾa!/ḥărît] 61

אִיּוֹב Job [ʾiy/yôb] 58

אֵיךְ (interr) how? (cf
אֵיכָה, 5.V) [ʾêk] 60

אֱלִישָׁע Elisha [ʾĕlî/šáʿ] 58

אָסָא Asa [ʾā/sấ] 58

אֵצֶל (n) side; (prep) beside
[ʾḗ/ṣel] 61

אָרַר curse [ʾā/rár] 59

בָּרַח (I) run away, flee
[bā/ráḥ] 62

בָּשָׁן Bashan [bā/šán] 60

גְּבוּרָה strength [gəbû/rấ] 62

דּוֹד beloved, lover [dôd]
59

דָּרַךְ tread; (Hi) stamp firm
[dā/rák] 61

חָג; חַג procession; feast,
festival [ḥā́g; ḥag] 60

חָמָס violence, wrong
[ḥā/más] 60

חֵת; חִתִּי Heth; (gent) Hittite(s)
[ḥēt; ḥit/tî] 62

יֵהוּא Jehu [yē/hûʾ] 58

מָגֵן (I) shield [mā/ḡén] 59

מָרְדֳּכַי Mordecai [mor/dŏkái]
60

נֶדֶר, נֵדֶר vow [né/der, nḗ/der]
60

נָחַל obtain, receive
property [nā/ḥál] 59

נֶסֶךְ, נֵסֶךְ (I) libation [né/sek, nḗ/-
sek] 60

עֲרָבָה (II) desert, plain [ʿărā/bấ]
61

צָרַר wrap up (I); be
hostile toward (II)
(cf (I) צוּר, 5.J)
[ṣā/rár] 61

קְטֹרֶת smoke (of sacrifice);
incense [qəṭṓ/ret] 61

קָנֶה (measuring) reed,
tube [qā/néh] 62

קָרַע tear up, away [qā/ráʿ]
62

רִיב; רִיבָה* (m; f pl) contention,
suit; legal speech
[rîb; rî/bâ*] 62

רֵיחַ odor, scent [rê°ḥ] 59

שֹׁפֵט (n, Qal part act) judge [šō/p̄ēṭ] 58

תְּהִלָּה glory, praise [təhil/lâ] 58

I. Words Occurring 57 through 55 Times (34)

אֶדֶן* (pl) pedestal, socket [ʼé/den*] 55

אַלְמָנָה widow [ʼal/mā/nâ] 55

אָמָה female slave [ʼā/mâ] 56

אֶסְתֵּר Esther [ʼes/tēr] 55

אֹרַח way, path [ʼó/raḥ] 57

גֶּפֶן vine [gé/p̄en] 55

זָרַע sow [zā/ráʽ] 56

חָזָק (adj) hard, strong [ḥā/zắq] 56

(I) חִיל* be in labor [ḥîl*] 57

(II) חָלַק divide, apportion; (Pi) scatter (III?) [ḥā/láq] 56

טֶרֶם; בְּטֶרֶם (neg) not yet; (conj, prep) before [ṭé/rem; bəṭé/rem] 56

יָבֵשׁ (stat) be dry; (intrans) dry up [yā/bḗš] 55

יְהוֹיָדָע Jehoiada [yəhô/yā/dáʽ] 56

יָכַח* (Ni) dispute; (Hi) reprove [yā/káḥ*] 56

(I) יַעַר thicket [yá/ʽar] 57

יְרִחוֹ Jericho [yəri/ḥô] 57

יִשְׁמָעֵאל; יִשְׁמְעֵאלִי Ishmael; (gent) Ishmaelite [yiš/mā/ʽḗʼl; yiš/məʽēʼ/lî] 56

מִזְמוֹר psalm [miz/môr] 57

מַחֲשָׁבָה thought [ma!/ḥăšā/bâ] 56

מְנַצֵּחַ conductor? (Pi part of נָצַח) [mənaṣ/ṣḗªḥ] 57

נָטַע (v) plant [nā/ṭáʽ] 57

סֶלַע rock [sé/laʽ] 57

סֹפֵר scribe, writer [sō/p̄ér] 55

(I) עָמָל distress, trouble; effort [ʽā/mál] 55

פָּדָה buy (off), ransom [pā/dâ] 56

פָּעַל make, do [pā/ʽál] 57

פָּרָשׁ horsemen; horse [pā/rắš] 57

רְבִיעִי (ord) fourth; (fract) one-fourth [rəbî/ʽî] 55

רָחַק be(come) far (away), distant [rā/ḥáq] 57

(II) רָמָה Ramah [rā/mâ] 57

רָצוֹן pleasure; favor [rā/ṣốn] 56

שָׂעִיר (n) he-goat (II); (adj) hairy (I) [śā/ʽîr] 55

שָׁדַד devastate, lay waste [šā/dád] 56

שְׁמָמָה horror, desolation [šəmā/mâ] 56

J. Words Occurring 54 and 53 Times (29)

אָבָה accede, accept [ʼā/bâ] 54

אֱמוּנָה steadiness [ʼĕmû/nâ] 53

גָּמָל camel [gā/mál] 54

דָּבַק stick, cling to [dā/báq] 54

דְּבַשׁ honey [dəbaš] 54

הָמָן Haman [hā/mắn] 54

(I) חָדַל cease, desist [ḥā/ḏál] 53

חָדָשׁ (adj) new, fresh [ḥā/ḏáš] 53

חֵץ arrow [ḥēṣ] 54

חָתַת be shattered; (ext) filled with terror [ḥā/ṯáṯ] 53

יָצַק dish up (food); pour out (liquid) [yā/ṣáq] 53

(III) *יָרָה (Hi) instruct, teach [yā/râ*] 54

יְרִיעָה curtain, tent (fabric) [yərî/ʿấ] 54

כּוּשׁ; כּוּשִׁי Cush; (gent) Cushite [kûš; kû/šî́] 54

כָּעַס (be) irritated, angry [kā/ʿás] 54

(II) לָבָן Laban [lā/ḇán] 54

(I) מִדָּה (n) measure [mid/dấ] 53

(I) מַצָּה unleavened bread [maṣ/ṣấ] 53

מָרוֹם height [mā/rốm] 54

סֹלֶת fine wheat flour [sṓ/leṯ] 53

עֶלְיוֹן upper; Most High [ʿel/yốn] 53

עֶרְוָה nakedness [ʿer/wấ] 53

צָדוֹק Zadok [ṣā/ḏốq] 53

צֵל shadow, shade [ṣēl] 53

צָעַק cry out (cf זָעַק, 4.E) [ṣā/ʿáq] 54

קָטֹן (adj) small, insignificant [qā/ṭṓn] 54

שְׂמֹאל left (side); left hand [śəmṓ'l] 54

(II) שָׂרָה; שָׂרַי Sarah; Sarai [śā/rấ; śā/rái] 53

שֵׁן tooth; (ext) crag [šēn] 53

K. Words Occurring 52 through 50 Times (27)

אַחֲרוֹן (adj) behind; (adv) last [ʾa!/ḥărốn] 50

אַיֵּה (interr) where? [ʾay/yḗh] 52

אֵילָם; אוּלָם vestibule [ʾê/lám; ʾû/lám] 50

בָּקַע (v) split [bā/qáʿ] 51

בְּתוּלָה virgin [bəṯû/lấ] 51

(I) חָרַם devote to the ban [ḥā/rám] 51

יֹאשִׁיָּה, יֹאשִׁיָּהוּ Josiah [yō'/šiy/yấ, yō'/šiy/yá/hû] 51

יוֹמָם in the daytime [yô/mám] 51

כָּבַס full (cloth); (Pi) wash [kā/ḇás] 51

מָדַד (v) measure [mā/ḏáḏ] 52

מוּסָר chastening, correction [mû/sár] 50

מָחָר tomorrow [mā/ḥár] 52

(I) *נָדַח (Ni) be scattered [nā/ḏáḥ*] 51

נָכַר (Ni) pretend; (Hi) investigate, recognize [nā/ḵár] 50

נַפְתָּלִי Naphtali [nap̄/tā/lî́] 50

נָשַׂג (Hi) overtake [nā/śáḡ] 50

עֲמָלֵק; עֲמָלֵקִי Amalek; (gent) Amalekite [ʿămā/lḗq; ʿămā/lē/qî́] 51

פָּרַץ make a breach; burst out [pā/ráṣ] 50

פָּרַר* (Hi) break out, burst
forth; shake (II?)
[pā/rár*] 50

קֶרֶשׁ plank [qé/reš] 51

רֵאשִׁית beginning, first
[rē'/šît] 51

רְחַבְעָם Rehoboam
[rəḥab/'ám] 50

רָנַן shout (for joy)
[rā/nán] 52

(I) רָצָה be pleased with; like
[rā/ṣâ] 50

שָׁוְא (adj, n) worthless-
(ness); (adv) in vain
[šāw'] 52

תָּעָה wander off, stagger
[tā/'â] 50

תִּפְאֶרֶת (f) ornament, decora-
tion [tip/'é/ret] 51

SECTION 5: HEBREW WORDS OCCURRING FROM 49 THROUGH 10 TIMES (1248)

A. Words Occurring 49 and 48 Times (30)

(I) אֹמֶר saying, word ['é/mer] 49

(I) אֵפֹד ephod (priestly garment; cult object) ['ē/p̄ód] 49

בָּגַד treat faithlessly [bā/g̱ád̠] 49

בַּעֲבוּר on account of, for the sake of, because of, in order that [ba!/'ăb̠ûr] 49

(I) בָּרָא create [bā/rá'] 48

גָּאוֹן loftiness; pride [gā/'ṓn] 49

גִּלּוּל* (pl) idols [gil/lû1*] 48

(I) דֶּבֶר (bubonic) plague [dé/b̠er] 49

(II) דַּל (adj) mean, scanty; (n) poor [dal] 48

הוֹי (interj) alas! woe! [hôy] 48

(I) הֵנָּה (adv; spacial) hither, here; (temporal) until now [hén/nâ] 49

הַרְבֵּה (adv) great number, many, much [har/b̠éh] 49

(II) חֶבֶל rope; (ext) measure, plot [ḥé/b̠el] 49

טַבַּעַת ring, signet-ring [ṭab/bá/'aṯ] 49

יָצַב* (Hith) take one's stand, position,

stand (firm); appear, arrive [yā/ṣáb̠*] 48

(I) מִגְדָּל tower [miḡ/dál] 49

מַכָּה blow, wound [mak/kâ] 48

מִשְׁקָל weight [miš/qál] 49

נְבֵלָה corpse [nəb̠ē/lâ'] 48

נָגַף injure, strike [nā/g̱áp̄] 49

סָמַךְ support [sā/mák] 48

(I) עֲבוּר* (alw with pref ־בַּ) Cf בַּעֲבוּר ['ăb̠ûr*] 49

(I) עַד eternity, always ['ad̠] 48

(I) פַּחַד trembling, terror [pá/ḥad] 49

פֶּסַח Passover (festival, sacrifice) [pé/saḥ] 49

(I) קָצִיר crop, harvest [qā/ṣír] 49

שַׂק goathair cloth, sackcloth; sack [śaq] 48

שְׁבִי (those who are/that which is) taken captive [šəb̠î] 48

שַׁדַּי (adj) Almighty [šad/dái] 48

תְּכֵלֶת purple wool [tək̄é/let] 49

B. Words Occurring 47 and 46 Times (26)

אָשָׁם guilt, wrong; guilt offering [ʾā/šắm] 46

גֹּאֵל redeemer [gō/ʾḗl] 46

גַּיְא valley [gayʾ] 47

גָּרַשׁ banish, divorce, drive out (I?); toss up (II?) [gā/ráš] 47

חֲנִית spear [ḥănî́t] 47

(II) חָרֵשׁ (stat) be deaf; (Hi) be silent [ḥā/rḗš] 47

לִשְׁכָּה hall [liš/kấ] 47

מָאֵן (Pi) refuse, refuse to [mā/ʾán] 46

מַעֲלָה ascent [ma!/ʿălấ] 47

מִשְׁכָּב couch, bed [miš/kắḇ] 46

מִשְׁתֶּה (drinking-) feast [miš/téh] 46

מָתְנַיִם (du) loins [mot̲/ná/-yim] 47

נָכְרִי (adj) foreign, strange; (n) foreigner [nok̲/rî̂] 46

נְעוּרִים youth [nəʿû/rî́m] 47

סָלַח forgive [sā/láḥ] 46

(I) עֵזֶר; עֶזְרָה (s m; f) support, help, (ext or coll) helper(s) [ʿḗ/zer; ʿez/rấ] 47

עָצַר restrain, detain [ʿā/ṣár] 46

פָּגַע encounter, meet; entreat [pā/ḡáʿ] 46

(II) צָפָה arrange; (Pi) overlay [ṣā/p̲ấ] 46

(I) קָוָה wait, await [qā/wấ] 47

קוֹמָה height, stature [qô/mấ] 46

(I) קָטָן (adj) small, young (-er, -est) [qā/ṭắn] 47

קָשַׁב be sharp, attentive [qā/šáḇ] 46

רָחַם (Pi) show love for [rā/ḥám] 47

רָצַח kill [rā/ṣáḥ] 47

שָׁבָה take captive [šā/b̲ấ] 47

C. Words Occurring 45 and 44 Times (27)

(II) אוּלַי (adv) perhaps [ʾû/lái] 45

אֹכֶל food [ʾṓ/k̲el] 45

אֶשֶׁר (pl) fortune; happiness [ʾé/šer] 45

(I) בָּחוּר young man [bā/ḥûr] 45

גִּיל shriek ecstatically, shout with joy [gîl] 45

חָגַר gird, put on a belt [ḥā/ḡár] 44

חָלָב milk [ḥā/láḇ] 44

חָלַץ take off; (Qal part pass) ready for battle [ḥā/láṣ] 44

יָרֵא (adj) fearing, afraid of [yā/rḗʾ] 45

יִרְאָה (n) fear, reverence [yir/ʾấ] 45

מְדִינָה province, district [mǝd̲î/nấ] 45

מוֹשָׁב dwelling place [mô/šáḇ] 44

מָרָה be rebellious, obstinate [mā/rấ] 45

מֶרְכָּבָה chariot [mer/kā/ḇâ] 44

(I) מַשָּׂא carrying, burden [maś/śáʾ] 45

נָגִיד chief, leader [nā/ḡîḏ] 44

נוֹרָא awe-inspiring [nô/ráʾ] 44

(I) נֵר lamp [nēr] 45

סָרִיס eunuch, court official [sā/rîs] 45

עוּד (Pi) surround [ʿûḏ] 45

עִמָּד (alw with suffix; prep) with (cf עִם, 1.B) [ʿim/māḏ] 45

קָשַׁר tie up, bind [qā/šár] 44

רוּעַ (Hi) shout [rûaʿ] 44

רָפָה become slack; sink down [rā/p̄â] 45

רֶשַׁע; רִשְׁעָה (s m; f) wrong, injustice, guilt [ré/šáʿ; riš/ʿâ] 45

שֶׂה lamb, kid [śeh] 44

(I) שֶׁבֶר, שֵׁבֶר breaking, fracture; interpretation [šé/ber, šé/ber] 44

D. Words Occurring 43 and 42 Times (40)

אוֹר shine [ʾôr] 43

(I) אֱנוֹשׁ men [ʾĕnôš] 42

אֶפֶס (n) end, nothingness; (particle of neg; adv) without [ʾé/p̄es] 42

(II) *בַּד (pl) poles; shoots [baḏ*] 42

בָּדַל (Ni) separate oneself [bā/ḏál] 42

בָּזָה despise [bā/zâ] 43

בָּזַז (v) plunder [bā/záz] 42

(I) בֶּטַח safety; (adv) securely [bé/ṭaḥ] 43

בָּלַל moisten; confuse, confound [bā/lál] 43

גּוֹלָה exiles; deportation, exile [gô/lâ] 42

הָרָה conceive, become pregnant [hā/râ] 43

הָרַס demolish [hā/rás] 43

זוּב (v) flow; suffer a discharge [zûḇ] 42

(I) *זָמַר (Pi) sing [zā/már*] 43

(I) זָרָה scatter [zā/râ] 42

חָרְבָּה desert, waste [ḥor/bâ] 42

טַף children [ṭap̄] 42

יָחַל (Pi, Hi) wait [yā/ḥál] 42

(I) יָסַד found, lay the foundations of [yā/sáḏ] 43

(I) *יָסַר (Qal part) teach; (Ni) teach oneself, take advice [yā/sár*] 42

יָתוֹם orphan [yā/ṯôm] 42

כִּנּוֹר lyre [kin/nôr] 42

לוּחַ tablet; board, plank [lûaḥ] 43

מַחֲלֹקֶת portion, share [ma!/ḥălŏ/qet] 42

מְנוֹרָה lampstand [mənô/râ] 42

מַעֲלָל (pl) deed, act [ma!/ʿălál] 42

(I) מְעָרָה cave [məʿā/râ] 42

מָתַי (interr) when? [mā/ṯái] 43

נָוֶה pasturage, abode (I?);
praiseworthy?,
comely? (II?)
[nã/wéh] 42

נִיחֹחַ (adj) soothing,
tranquillizing
[nî/hô°ʰ] 43

(I) נֵצַח luster, glory [nḗ/ṣaḥ]
43

נָקִי (adj) free from, ex-
empt [nã/qî] 43

נָתַץ tear down, demolish
[nã/ṭáṣ] 42

פָּשַׁט take off [pã/šáṭ] 43

צַוָּאר neck [ṣaw/wắ'r] 42

קִנְאָה passion [qin/'ắ] 43

(I) רְחֹב, רְחוֹב broad open place,
plaza [rəḥōḇ, rəḥôḇ]
43

(I) שָׁנִי crimson, scarlet
[šã/nî] 42

תְּבוּאָה (n) produce, yield
[təḇû/'ắ] 43

תְּבוּנָה intelligence, skill
[təḇû/nắ] 42

E. *Words Occurring 41 and 40 Times (30)*

(I) אַהֲבָה love ['a!/hăḇắ] 40

(I) *אָזַן (Hi) listen (to)
['ã/zán*] 41

אָחוֹר back; (adv) behind
['ã/ḥôr] 41

(I) אָמַץ be strong ['ã/máṣ] 41

אָרַב lie in ambush ['ã/ráḇ]
41

אֲשֵׁרָה Asherah; cult-post
['ăšē/rắ] 40

(I) בָּלַע (v) swallow [bã/lá'] 40

בְּרִיחַ bar [bərî°ʰ] 41

גָּבֹהַּ high [gã/ḇô°h] 40

גַּן garden [gan] 41

דָּגָן grain [dã/ḡán] 40

דַּי sufficiency; enough
[dai] 40

חָמַל feel compassion for
[ḥã/mál] 41

חָרוֹן anger [ḥã/rôn] 41

(II) חָרַף (v) taunt, reproach
[ḥã/ráp̄] 40

יָפֶה (adj) handsome,
beautiful [yã/p̄éh] 41

(I) כָּבֵד (n; adj) heavy,
weighty; rich
[kã/ḇḗd] 40

*מוּט waver, reel, totter
[mûṭ*] 41

*נוּעַ (v) shake, totter
[nû°'*] 41

נָחָה (v) lead [nã/ḥắ] 40

נָטַשׁ leave, abandon
[nã/ṭáš] 40

נָקָה (Ni) be free [nã/qắ]
41

עֹל yoke ['ōl] 40

פָּשַׁע (v) revolt, rebel
[pã/šá'] 41

צָדַק be in the right, have
a just case [ṣã/dáq]
41

(I) צִפּוֹר (coll) birds [ṣip/pôr]
40

רָגַז (intrans) shake, quake
[rã/ḡáz] 41

שֹׂנֵא enemy [śō/nḗ'] 41

שָׁקַט have peace, be at
peace [šã/qáṭ] 41

תּוֹלֵעָה worm [tô/lē/'ắ] 41

F. Words Occurring 39 and 38 Times (29)

אָבַל mourn [ʾā/ḇál] 39

אֵיפָה ephah (grain measure) [ʾê/p̄â] 38

אָן; אָנָה (interr) where? from where? [ʾān; ʾă/nâ] 38

אַרְגָּמָן purple [ʾar/gā/mán] 39

בָּהַל (Ni) be terrified [bā/hál] 39

גָּנַב steal [gā/náḇ] 39

זַיִת olive (fruit and tree) [zá/yiṯ] 38

חֶדֶר (dark) room, bedroom [ḥé/der] 38

חֵיק lap, bosom [ḥêq] 38

חֵפֶץ delight, joy [ḥé/p̄eṣ] 39

חָרַד tremble, shudder [ḥā/rád] 39

חָרָשׁ craftsman [ḥā/ráš] 38

כָּלַם (Ni) be shamed, disgraced [kā/lám] 38

מָטָר rain [mā/ṭár] 38

מְלֹא fulness, what fills [məlõʾ] 38

מִלָּה word, message [mil/lâ] 38

(I) מַר (adj) bitter; (adv) bitterly [mar] 39

(I) מִרְמָה deceit, fraud [mir/mâ] 39

מָשִׁיחַ anointed (one) [mā/šĭ-aḥ] 39

(I) מָשָׁל saying, proverb [mā/šál] 39

פֹּעַל deed, work [pō/ʿál] 38

(I) צֵלָע rib [ṣē/láʿ] 39

קָהַל (Ni, intrans) assemble [qā/hál] 39

רַחֲמִים compassion [ra!/ḥămĭm] 39

(I) שַׁמָּה astonishment, horror [šam/mâ] 39

(III) שֵׁשׁ (Egyptian) linen [šēš] 38

תְּאֵנָה fig (-tree) [təʾē/nâ] 39

תּוֹלְדוֹת descendants, generations [tô/lē/ḏõṯ] 39

תִּירוֹשׁ wine [tî/rṍš] 38

G. Words Occurring 37 and 36 Times (38)

(I) אִי coast, region [ʾî] 36

אָלָה (n) curse [ʾā/lâ] 37

אִמְרָה word, utterance [ʾim/rấ] 37

אָשַׁם be(come) guilty [ʾā/šám] 36

(I) בְּאֵר well, pit [bəʾếr] 37

בִּינָה insight [bî/nâ] 37

גָּמַל finish; (Ni) be weaned [gā/mál] 37

חָסָה seek refuge [ḥā/sâ] 37

(I) חָרֵב (stat) be dry [ḥā/rḗḇ] 36

טֻמְאָה (state of cultic) uncleanness [ṭum/ʾấ] 37

יָקָר (adj) rare, costly; noble [yā/qấr] 36

יֵשַׁע salvation, liberation [yḗ/šaʿ] 36

כּוֹכָב star [kô/ḵấḇ] 37

כּוּל seize; (Hi) contain; (Pilp) clasp [kûl] 37

כָּנַע* (Ni) be subdued, humbled [kā/náʿ*] 36

כָּרַע bend the knee, kneel [kā/ráʿ] 36

לָקַט gather (up), glean [lā/qáṭ] 37

(I) מִבְצָר fortress, fortified city [mib/ṣár] 37

מוּל (n) front; (as prep) front of, towards [mûl] 36

מוֹפֵת sign, omen [mô/p̄ḗt] 36

מָעוֹז fortress [mā/ʿôz] 36

מַצֵּבָה pillar [maṣ/ṣē/b̄â] 36

מָשַׁךְ seize, pull [mā/šáḵ] 36

(I) נוּף* (Hi) move back and forth [nûp̄*] 37

נֵכָר foreign land [nē/ḵár] 36

נָסָה* (Pi) (put someone to the) test [nā/sâ*] 36

(I) עֵדֶר flock, herd [ʿḗ/ḏer] 37

עֳנִי misery, affliction [ʿŏnî] 36

עָשַׁק oppress, do wrong [ʿā/šáq] 37

עֹשֶׁר riches [ʿṓ/šer] 37

פִּלֶגֶשׁ; פִּילֶגֶשׁ concubine [pi!/lé/ḡeš; pî/lé/ḡeš] 37

(I) צָפָה keep guard, watch [ṣā/p̄â] 37

קָשֶׁה (adj) hard, severe [qā/šéh] 36

שָׂחַק play (act) clumsy; laugh [śā/ḥáq] 36

שׁוֹעֵר gatekeeper [šô/ʿḗr] 37

תֵּבֵל continent(s) [tē/b̄él] 36

תְּהוֹם (n) deep, ocean depths [təhôm] 36

תְּרוּעָה shout (of alarm, joy) [tərû/ʿâ] 36

H. Words Occurring 35 and 34 Times (41)

אוֹפַן wheel [ʾô/p̄án] 35

אָרַךְ be long [ʾā/ráḵ] 34

אָתוֹן she-ass [ʾā/ṯôn] 34

גֹרֶן threshing floor [gṓ/ren] 34

(I) גֶּשֶׁם rain [gé/šem] 35

דָּג; דָּגָה (m; f coll) fish [dāḡ; dā/ḡâ] 34

(I) הַב Cf יָהַב, 5.H [hab]

הָמָה make noise, roar [hā/mâ] 34

זֹנָה (female) prostitute [zō/nâ] 35

(I) זָרַק scatter [zā/ráq] 34

חָבָא* (Ni) hide (oneself), be hidden [ḥā/b̄áʾ*] 34

חָזוֹן vision [ḥā/zṓn] 35

חֵטְא fault, sin [ḥēṭʾ] 35

חָסִיד (one who is) faithful, devout [ḥā/sîḏ] 35

יָהַב (impv) give; (interj) come on! [yā/háb̄] 34

יָנַק suck(le), nurse [yā/náq] 34

יָרֵךְ upper thigh [yā/rēḵ] 34

כָּכָה (adv) so, thus [ká/ḵâ] 35

כַּלָּה daughter-in-law; bride [kal/lâ] 34

לְאֹם people [ləʾōm] 35

(I) מָחָה wipe off; wipe out [mā/ḥâ] 34

מַלְכָּה queen [mal/kấ] 35

מָעַל be unfaithful [mā/ˁál] 35

מִשְׁנֶה second, double [miš/-néh] 35

נָקַם take vengeance [nā/qám] 35

סֵתֶר hiding place; garment [sế/ṯer] 35

עֶבְרָה arrogance [ˁeb/râ] 34

עֵגֶל (bull-) calf [ˁế/ḡel] 35

(I) עַם kinsman, relative [ˁam] 34

עָרֵל (adj) uncircumcised [ˁā/rḗl] 35

צָפַן (v) hide; treasure up [ṣā/p̄án] 34

צָרַעַת skin disease (not leprosy) [ṣā/rá/ˁaṯ] 35

צָרַף smelt, refine [ṣā/ráp̄] 34

קָנָא (Pi) be envious of; arouse jealousy [qā/nấˀ] 34

קָצָה end, border [qā/ṣấ] 35

קָצַף be(come) angry [qā/ṣáp̄] 34

(I) קָצַר reap, harvest [qā/ṣár] 35

רָשַׁע be(come) guilty [rā/šáˁ] 35

שְׂעֹרָה barley [śəˁō/râ] 34

(II) תִּקְוָה expectation, hope [tiq/wâ] 34

תְּשׁוּעָה salvation [təšû/ˁâ] 34

I. Words Occurring 33 and 32 Times (38)

אַרְמוֹן palace [ˀar/môn] 33

(II) גְּדוּד raiding party [gədûḏ] 33

חָבַשׁ bind, bind on; saddle [ḥā/ḇáš] 33

חִנָּם (adv) without compensation; in vain [ḥin/nắm] 32

חָתַן become related by marriage; (Qal part) father- (mother-) in-law [ḥā/ṯán] 33

טַבָּח butcher, cook [ṭab/báḥ] 32

טוּב (n) goodness, the best [ṭûḇ] 32

(I) יוֹנָה dove [yô/nâ] 33

יְמָנִי right (hand); southern [yəmā/nîˀ] 33

(I) יָרָה throw; shoot [yā/râ] 33

כָּחַד (Ni) be hidden [kā/ḥáḏ] 32

כֶּלֶב dog [kế/leḇ] 32

לְבוּשׁ garment; (coll) clothes [ləḇûš] 32

מְאוּמָה anything (at all) [məˀû/mấ] 32

(I) *מוּל circumcise [mûl*] 32

מִזְרָק sprinkling basin [miz/rắq] 32

מָחֳרָת (n) the following day; (adv) on the next day [mo!/ḥŏrắṯ] 32

מֵעֶה (du cstr) bowels, abdomen [mē/ˁéh] 32

מַעֲשֵׂר tithe [ma!/ˁăśếr] 32

(I) נָשַׁק kiss [nā/šáq] 32

עַוְלָה wickedness [ˁaw/lấ] 32

(I) עִמָּה (alw pref with ־לְ;
adv) just like; (prep)
close to, at
[ʿum/mâ*] 32

עֵרֶךְ layer, row; acces-
sories [ʿé/reķ] 33

עֹרֶף neck, nape [ʿó/rep̄] 33

עֵשֶׂב (coll) green plants,
herbs [ʿé/śeḇ] 33

פְּנִימִי (adj) inner [pənî/mî]
33

פְּקֻדָּה appointment, service
[pəqud/dâ] 33

(I) פָּרַח sprout; break out [pā-
ráḥ] 32

(I) צַד side [ṣad] 33

צָמַח (v) sprout [ṣā/máḥ] 33

קְלָלָה curse [qəlā/lâ] 33

(II) רֶחֶם, רַחַם womb [ré/ḥem,
rá/ham] 32

(I) רִמּוֹן pomegranate
[rim/mốn] 32

(I) רִנָּה shout of joy [rin/nâ]
33

שְׁבוּת; שְׁבִית (carrying off to) cap-
tivity, imprisonment
[šəḇût; šəḇît] 32

שֹׁרֶשׁ root [šó/reš] 33

תּוֹדָה (song, sacrifice of)
thanksgiving [tô/dâ]
32

תַּחְתִּי; תַּחְתּוֹן (adj) lower, lowest;
(n) the lowest
[taḥ/tî; taḥ/tốn] 32

J. Words Occurring 31 Times (26)

אֵי (interr) where? [ʾê]

אֳנִיָּה ship [ʾŏniy/yâ]

אֶצְבַּע finger [ʾeṣ/báʿ]

בְּכִי weeping [bəķî]

גָּג roof [gāḡ]

(I) דָּמָה be (a)like [dā/mâ]

חַלּוֹן window (-opening)
[ḥal/lốn]

טַל dew, light rain [ṭal]

טָמַן hide; set up secretly
[ṭā/mán]

*יָלַל (Hi) howl, wail
[yā/lál*]

(I) כּוֹס (drinking-) cup [kôs]

כָּזָב lie, falsehood
[kā/záḇ]

כִּלְיָה (pl) kidney [kil/yâ]

כְּפִיר young lion [kəp̄îr]

מִין kind, species [mîn]

נָאַף commit adultery
[nā/ʾáp̄]

נָדַר make a vow [nā/ḏár]

(I) נָחָשׁ serpent [nā/ḥáš]

סֻכָּה thicket; hut [suk/kâ]

(II) עָב cloud(s) [ʿāḇ]

עָצוּם (adj) mighty, vast
[ʿā/ṣûm]

פֶּסֶל idol [pé/sel]

(I) *צוּר tie up, gather [ṣûr*]

שִׂמְלָה mantle, wrapper (cf
שַׂלְמָה, 5.V) [śim/lâ]

שְׁבוּעָה oath [šəḇû/ʿâ]

שָׁטַף wash away, wash off
[šā/ṭáp̄]

K. Words Occurring 30 and 29 Times (41)

בָּחַן test [bā/ḥán] 30

בַּמָה, בַּמֶּה (interr pr) how?

[bam/mâ, bam/méh]
29

בָּרָד hail [bā/rå̄d] 29

בֹּשֶׂם ;בֶּשֶׂם balsam shrub [bó-/śem; bé/śem] 30

בֹּשֶׁת shame [bó/šet̞] 30

גָּזַל tear off, pull off, seize [gā/zál] 30

הָדָר ornament [hā/dā̞r] 30

(I) זִמָּה plan; infamy [zim/mấ] 29

חִטָּה wheat [ḥit̞/t̞ấ] 30

חָמַם be(come) warm, hot [ḥā/mám] 29

חֲצֹצְרָה trumpet [ḥǎṣō̞/ṣǝrấ] 29

(I) חֵרֶם ban, (what is) banned [ḥḗ/rem] 29

חָשַׂךְ restrain, withhold [ḥā/śák] 29

יָעַד designate [yā/ʿád] 29

כְּלִמָּה (n) disgrace, insult [kǝlim/mấ] 30

כֻּתֹּנֶת tunic [kut/tó/net̞] 29

(I) לָבָן (adj) white [lā/b̞án] 29

מַאֲכָל food; fodder [ma!/ʾǎk̞ál] 30

מִטָּה bed, couch [miṭ/t̞ấ] 29

מָנָה (v) count [mā/nấ] 29

מָנַע retain, withhold [mā/náʿ] 29

(I) מַעַל unfaithfulness [má/ʿal] 29

נִדָּה ;נִידָה menstrual flow; excretion [nid/dấ; nî/-dấ] 30

(I) נָהַג drive, lead [nā/hág̞] 30

סִיר (cooking-) pot [sîr] 30

סָפַד mourn, sound a lament [sā/p̄ád̞] 30

עָלַם (Qal part) secret (faults); (Ni) be hidden [ʿā/lám] 29

עִשָּׂרוֹן tenth part [ʿiś/śā/rṓn] 30

עַתּוּד (pl) ram, he-goat; (met) leader [ʿat/tû̞d̞*] 29

פִּנָּה corner [pin/nấ] 30

פָּרָה bear fruit [pā/rấ] 29

(I) קֶצֶף anger, rage [qé/ṣep̄] 29

קִרְיָה city, town [qir/yấ] 30

רָבַץ lie down, crouch [rā/b̞áṣ] 30

(I) רָעַשׁ quake, shake [rā/ʿáš] 30

שֵׂעָר (coll) hair [śē/ʿár] 29

(I) שָׂרִיד survivor [śā/rî̞d̞] 29

שְׁמִינִי (ord) eighth [šǝmî/nî̞] 30

שָׁפֵל (stat) be low, sink [šā/p̄ḗl] 29

שִׁקּוּץ abominable idol; abomination [šiq/qû̞ṣ] 29

תְּנוּפָה waving, shaking; (ext) wave-offering [tǝnû/p̄ấ] 30

L. *Words Occurring 28 and 27 Times (54)*

אַדִּיר (adj) mighty; (n, pl) nobles [ʾad/dî̞r] 27

אָוָה (Ni?) be beautiful, lovely; (Pi) want, crave [ʾā/wấ*] 27

(I) אֱוִיל (adj) foolish; (n) fool, simpleton [ʾĕwîl] 27

בַּז (n) plunder (act and objects of) [baz] 27

בְּלִיַּעַל wickedness [bəliy/yá/ʿal] 27

בָּשַׁל ripen, cook; (Pi) cook, boil [bā/šál] 28

זָקֵן (stat) be old [zā/qḗn] 27

(II) חָבַר become allies, unite [ḥā/bár] 28

חָכַם be(come) wise [ḥā/kám] 27

חָלַם be(come) strong; (Qal, Hi) dream [ḥā/lám] 28

(I) חָלַף pass by, follow each other [ḥā/láp̄] 27

חֲמִישִׁי (ord) fifth; (fract) one-fifth [ḥămî/šî] 27

חָקַר spy out, investigate [ḥā/qár] 27

חָתַם seal up, confirm [ḥā/ṭám] 27

יוֹבֵל ram; year of jubilee [yô/bḗl] 27

יָצַת kindle, burn up [yā/ṣát] 27

יָרֵחַ moon [yā/rḗaḥ] 27

יְרֵכָה rear, back side [yərē/kā́] 28

יָשַׁר be (go) straight [yā/šár] 27

כַּפֹּרֶת (performance of) reconciliation; (trad) cover, lid [kap̄/pṓ/reṭ] 27

לִיץ boast; (Hi) mock, be a spokesman (interpreter) [lîṣ] 28

מָבוֹא; מוֹבָא entrance [mā/bôʿ; mô/bắ] 27

(I) מוֹצָא outlet; what comes out [mô/ṣắ] 27

מוֹקֵשׁ trap [mô/qḗš] 27

מוֹשִׁיעַ helper, deliverer [mô/šîaʿ] 27

(II) מֶלַח salt [mé/laḥ] 28

מְסִלָּה road, highway [məsil/lā́] 27

מְעִיל robe [məʿîl] 28

(II) נֵבֶל, גֶּבֶל harp? [nḗ/bel, né/bel] 27

נְדָבָה free will; voluntary gift [nədā/bā́] 27

נָדַד flee, wander [nā/dád] 27

נָדִיב willing; (one who is) noble [nā/dî́b] 27

נוד wander [nûd] 27

נְקָמָה vengeance, revenge [nəqā/mā́] 27

נָתַק tear away, draw (one) away [nā/ṭáq] 27

(I) *עוּף fly; (Poʿl) soar; (Hithpoʿl) fly off [ʿûp̄*] 27

עֲשִׂירִי (ord) tenth; (fract) one-tenth [ʿăśî/rî́] 28

פֶּחָה governor [pe!/ḥā́] 28

פָּלַט escape [pā/láṭ] 27

פְּלֵיטָה (n) escape [pəlê/ṭā́] 28

(I) פָּתָה be inexperienced, naive [pā/ṭā́] 28

קָרָה happen, come about [qā/rā́] 27

קָשָׁה be hard, heavy [qā/šā́] 28

רְכוּשׁ property, goods [rəkûš] 28

שׂוּשׂ rejoice [śûś] 27

שָׂטָן accuser, adversary; the Satan [śā/ṭán] 27

(I) שָׂכָר wages, reward [śā/kár] 28

שִׁטָּה acacia (tree, wood) [šiṭ/ṭā́] 28

(I) שָׁלֵם (adj) uninjured, safe; complete [šā/lḗm] 28

שְׁמוּעָה news, report [šəmû/ʿấ] 27

שִׁשִּׁי (ord) sixth; (fract) one-sixth [šiš/šî́] 27

תֵּבָה ark, chest [tē/ḇấ] 28

תָּלָה hang [tā/lấ] 27

תֹּם integrity, completeness [tōm] 28

M. *Words Occurring 26 and 25 Times (53)*

אִוֶּלֶת foolishness [ʾiw/wé/leṯ] 25

אֵיפֹה (interr) where? [ʾê/p̄óh] 25

אָמֵן (interj) amen! surely! [ʾā/mḗn] 25

אָפָה bake [ʾā/p̄ấ] 25

אֵפוֹא (adv) then, so [ʾē/p̄ôʾ] 25

בָּצוּר (Qal part pass) impregnable [bā/ṣûr] 25

בֶּרֶךְ knee [bé/reḵ] 25

גָּבַר excel; (Hi) be strong [gā/ḇár] 25

דְּמוּת likeness [dəmûṯ] 25

(I) הָגָה mutter, growl [hā/ḡấ] 25

הוֹן wealth [hôn] 26

חִיצוֹן (adj) outer [ḥî/ṣôn] 25

חָצֵב quarry, hew (out), stir? (II?) [ḥā/ṣḗḇ] 25

(I) חָרַשׁ plow; engrave [ḥā/ráš] 25

חֹשֶׁן breast-plate (of the high priest) [ḥó/šen] 25

טוּר row, course (of building stone) [ṭûr] 26

טָרַף tear in pieces [ṭā/ráp̄] 25

יָגַע grow weary [yā/ḡáʿ] 26

(I) יָשֵׁן go to sleep; sleep [yā/šán] 25

כַּעַס, כַּעַשׂ irritation, anger [ká/ʿas, ká/ʿaś] 25

מַגֵּפָה plague, torment [mag/gē/p̄ấ] 26

מְכוֹנָה place, abode; stand [məḵô/nấ] 25

מָסָךְ covering, curtain [mā/sáḵ] 25

(I) מַסֵּכָה cast image; drink offering [mas/sē/ḵấ] 26

מָצוֹר affliction (I?); fortification (II?) [mā/ṣôr] 25

מָרַד (v) rebel [mā/ráḏ] 25

נֵזֶר consecration (of the Nazirite) [né/zer] 25

נֹכַח (prep) in front of, opposite; (n) what lies opposite [nó/ḵah] 25

נֶשֶׁר eagle, vulture [né/šer] 26

נָתִיב; נְתִיבָה (s m; f) path [nā/ṯî́ḇ; nəṯî/ḇấ] 26

(I) *סוּג deviate, be disloyal [sûḡ*] 25

(III) סַף threshold [sap̄] 25

עֲגָלָה wagon, cart [ʿăḡā/lấ] 25

עִוֵּר (adj) blind [ʿiw/wḗr] 26

עֲלִילָה deed, action [ʿǎlî/lâ]̂ 25

(I) עָשָׁן smoke [ʿā/šǎn] 25

(I) פַּח bird trap [paḥ] 25

פָּחַד tremble [pā/ḥáḏ] 25

פָּרַד (Qal part pass) outspread; (Ni) divide, (intrans) separate [pā/ráḏ] 26

פָּרֹכֶת curtain [pā/rṓ/ḵet] 25

פִּתְאֹם (adv) suddenly [pit/ʾṓm] 25

צוֹם (act, time of) fasting [ṣôm] 25

קָדַם (Pi) be in front, walk at the head [qā/dám] 26

רָגַל slander; (Pi) spy out; (Tifel) teach (someone) to walk [rā/ḡál] 26

(I) רָדָה tread (winepress); rule [rā/ḏâ]̂ 25

רָחַב open wide, broaden [rā/ḥáḇ] 25

שְׁאָר remainder, remnant [šə'ār] 26

(II) שֹׁד violence, destruction [šōḏ] 25

שֹׁטֵר officer, record-keeper [šō/ṭḗr] 25

שָׁלַף draw (sword); take off [šā/láp̄] 25

שִׁלְשׁוֹם (idiom) three (days ago, day before yesterday) [šil/šôm] 25

תוּר go about, explore; (ext) spy out [tûr] 25

(I) תְּחִנָּה supplication (for mercy); pardon, mercy [təḥin/nâ]̂ 25

N. Words Occurring 24 Times (30)

אֵבֶל (rites of) mourning [ʾḗ/ḇel]

אוֹי (interj) woe!; (n) woe [ʾôy]

אֵיד disaster, calamity [ʾêd]

אַרְבֶּה locust [ʾar/béh]

בָּשַׂר (Pi) bring news [bā/śár]

גָּוַע expire, die, perish [gā/wáʿ]

דִּין (v) judge; bring justice [dîn]

(I) הוֹד height, majesty [hôd]

זִכָּרוֹן reminder [zik/kā/rṓn]

חוּס pity, be troubled about [ḥûs]

חֳלִי illness, suffering [ḥŏlî]

(II) חֶלְקָה piece of land, plot of ground [ḥel/qâ]̂

יָתֵד peg, tent-peg [yā/ṯḗd]

כָּבָה be extinguished [kā/ḇâ]̂

כֹּתֶרֶת (column-) capital [kō/ṯé/ret]

מְלוּכָה kingship [məlû/ḵâ]̂

נָאַץ reject, disdain [nā/ʾáṣ]

נָזָה be sprinkled; (intrans) spatter [nā/zâ]̂

(I) נָסַךְ pour out [nā/sáḵ]

נְשָׁמָה blowing; breath [nəšā/mâ]̂

סַעַר; סְעָרָה (s m; f) gale, windstorm [sá/ʿar; sə'ā/râ]̂

פָּלִיט, פָּלֵיט fugitive(s) [pā/lîṭ, pā/lêṭ]

פְּקוּדִים directions, orders [piq/qû/d̲ı̆m]

(I) רָבַב be(come) great, much, numerous [rā/b̲áb̲]

רוּשׁ* be poor [rûš*]

שַׁחַר dawn [šá/ḥar]

O. Words Occurring 23 Times (35)

אָבִיר, אַבִּיר strong, powerful [ʾā/b̲ı̆r, ʾab/b̲ı̆r]

(III) בַּד linen [bad̲]

בֶּצַע a piece cut off [bé/ṣaʿ]

גָּלַח* (Pi) shave [gā/láḥ*]

דִּמְעָה (s coll) tears [dim/ʿâ]

זֵכֶר mention, remembrance [zḗ/k̲er]

(I) חוֹל sand, mud [ḥôl]

חָסֵר (stat) lack, be lacking; diminish [ḥā/sḗr]

(I) חָפַר dig [ḥā/p̲ár]

חָפַשׂ search out, check [ḥā/p̲áś]

יָעַל* (Hi) help, be of use [yā/ʿál*]

(I) יִצְהָר olive oil [yiṣ/hár]

כָּהַן* (Pi) perform the duties of priest [kā/hán*]

כִּיּוֹר (wash-) basin, pot [kiy/yṓr]

(I) מָדוֹן; מִדְיָן quarrel, dispute [mā/d̲ṓn; mid̲/yán]

מִישׁוֹר level ground, plain [mî/šṓr]

P. Words Occurring 22 Times (37)

(III) אַיִל gatepost? [ʾá/yil]

אַיָּל; אַיָּלָה fallow deer (buck;

שָׁכֹל (stat) be bereaved (of children) [šā/k̲ṓl]

שָׁנָה (v) change; repeat [šā/nâ]

תּוֹכַחַת reprimand [tô/k̲á/ḥat]

(I) תֵּימָן south; southern area [tê/mán]

מַס compulsory labor, *corvée* [mas]

מַעְיָן spring [maʿ/yán]

מִקְרָא convocation [miq/rá]

מְרִי obstinacy [mər̂ı]

נָגַשׂ beat, drive [nā/ḡáś]

נָקַב pierce; designate [nā/qáb̲]

(I) סָכַךְ isolate, cover [sā/k̲ák̲]

עַז (adj) defiant, shameless [ʿaz]

(I) עֲטָרָה wreath, crown [ʿăṭā/rá]

עָשִׁיר (adj) wealthy, rich [ʿā/šı̆r]

פְּסִיל* (pl) idols [pā/sı̂l*]

צָהֳרַיִם (du) midday, noon [ṣo!/hŏrá/yim]

שֹׁחַד gift; bribe [šṓ/ḥad̲]

שַׁחַת pit(-fall), grave [šá/ḥat]

שֵׁכָר intoxicating drink, beer? [šē/k̲ár]

שֵׁנָה sleep [šē/nâ]

תּוֹצָאוֹת (pl) exits; starting point [tô/ṣā/ʾṓt̲]

תְּחִלָּה beginning [təḥil/lâ]

תְּמוֹל yesterday [təmôl]

doe) [ʾay/yál; ʾay/yā/lâ]

אֵ֫פֶר ashes, dust [ʾé/p̄er]

גָּדַע cut off [gā/dáʿ]

(I) דָּמַם stand (keep) still [dā/mám]

דָּת regulation, law [dāt]

הִין hin (liquid measure) [hîn]

(II) *זָהַר (Ni) be warned; (Hi) warn [zā/hár*]

זַ֫עַם (n) curse [zá/ʿam]

טֶ֫רֶף prey; food [ṭé/rep̄]

יוֹעֵץ counsellor [yô/ʿéṣ]

כָּחַשׁ become lean; (Pi) deny, deceive [kā/ḥáš]

כָּלָה destruction, anni- hilation [kā/lâ]

לוּ, לוּא (imprec) if only; O that...might [lû, lûʾ]

מוֹלֶ֫דֶת descendants, kindred [mô/lé/deṭ]

מַחְתָּה fire-pan [maḥ/tâ]

מָעַט be(come) few [mā/ʿáṭ]

נַ֫עַל sandal [ná/ʿal]

נָפַץ smash; scatter (II?); (Ni) break up [nā/p̄áṣ]

נְקֵבָה (n, adj) female [nəqē/b̄â]

סָקַל (v) stone [sā/qál]

עֲבֹת rope [ʾăb̄ōṯ]

פֶּ֫גֶר corpse [pé/g̱er]

פָּשָׂה (v) spread [pā/śâ]

(I) צָעִיר small (-er, -est); young (-er, -est) [ṣā/ʿîr]

קִיץ spend the summer [qîṣ]

רֶ֫גַע tranquillity; moment [ré/g̱aʿ]

רֶ֫שֶׁת (bird) net [ré/šeṯ]

שָׂשׂוֹן joy [śā/śôn]

שָׁוַע (Pi) cry for help [šā/wáʿ]

שָׁזַר (Ho part) twisted [šā/zár]

(I) שְׁכֶם shoulder(s) [šəḵem]

שָׁעַן (Ni) lean (against); (met) depend (on) [šā/ʿán]

שָׁקַל weigh (out) [šā/qál]

שָׁקַף (Ni, Hi) look down [šā/qáp̄]

תַּזְנוּת obscene manner [taz/nûṯ]

תָּעַב (Ni) be loathed, abhorrent [tā/ʿáb̄]

Q. Words Occurring 21 Times (40)

אָתָה come [ʾā/tâ]

בְּעוֹד while yet, as long as (cf עוֹד, 2.A) [bə/ôd]

(I) בָּרָק lightning [bā/ráq]

(I) גָּרַע shave; diminish [gā/ráʿ]

(II) זָנַח reject [zā/náḥ]

(I) *חוּשׁ hurry [ḥûš*]

חָמַד desire, crave [ḥā/mád]

חֹתֵן father-in-law [ḥō/ṯén]

לְבֹנָה, לְבוֹנָה frankincense [lā/b̄ō/- nâ, ləb̄ô/nâ]

(I) לְחִי chin, jawbone [ləḥî]

מְגִלָּה scroll [məg̱il/lâ]

מוּם, מְאוּם blemish [mûm, mə/ûm]

מְנוּחָה rest, resting place [mənû/ḥấ]

מָסַס lose courage; (Ni) dissolve [mā/sás]

(II) מַשָּׂא utterance [maś/śấ']

(I) מִשְׁחָה anointing [miš/ḥấ]

מַשְׁקֶה cup-bearer; well-irrigated land [maš/qéh]

(?) * מֹת (pl) men [mōṯ*]

נֵס signal pole; banner [nēs]

נָתַךְ gush forth, be poured out [nā/ṯáḵ]

נָתַשׁ uproot, tear out [nā/ṯáš]

סוֹד confidential conversation [sôḏ]

סָחַר pass through, wander around [sā/ḥár]

סָפָה take away [sā/p̄ấ]

(II) * סֶרֶן (pl) prince [sé/ren*]

עָוֶל wrong, injustice ['á/wel]

עָנָו (K; adj) humble ['ấ/nåw]

פָּקַח (v) open [pā/qáḥ]

פַּרְסָה (divided) hoof [par/sấ]

* צוּם (v) fast [ṣûm*]

צְעָקָה (n) cry, call for help [ṣəʿā/qấ]

(I) רָחָב (adj) wide, broad [rā/ḥáḇ]

שָׂמֵחַ (adj) joyful, glad [śā/méᵃḥ]

שָׁאַג (v) roar [šā/'áḡ]

(II) שָׁבַר buy (food) [šā/ḇár]

שָׁגָה stray, go astray [šā/ḡấ]

* שַׁד (du) breast [šaḏ*]

שַׁחַק (coll) dust; clouds of dust? [šá/ḥaq]

תַּאֲוָה longing, desire [ta!/'ăwấ]

תָּמַךְ grasp [tā/máḵ]

R. *Words Occurring 20 Times (33)*

אֱלִיל worthless; (ext) pagan gods ['ĕlîl]

בִּקְעָה plain, broad valley [biq/'ấ]

בְּרוֹשׁ (Phoenician) juniper [bərôš]

(I) גַּל heap [gal]

(I) חָבַל take (something) in pledge [ḥā/ḇál]

(II) חָלִיל (neg interj) be it far from [ḥā/lîl]

חָתָן son-in-law; bridegroom [ḥā/ṯán]

* יָחַשׂ (Hith) be enrolled (in genealogical registry) [yā/ḥáś*]

* יָנָה be violent, oppress; (Hi) oppress [yā/nấ*]

יְסוֹד foundation(-wall), base [yəsôḏ]

מְהֵרָה (n) speed, haste; (adv) quickly [məhē/rấ]

(II) * מוּשׁ withdraw; (Hi) remove [mûš*]

מְזוּזָה doorpost [məzû/zấ]

מַחְסֶה refuge [maḥ/séh]

מִקְלָט refuge, asylum [miq/láṭ]

מִשְׁמָר guard [miš/már]

עֲלִיָּה upper room, roof-chamber [ˈăliy/yâ]

עָמַל labor, exert oneself [ˈā/mál]

עָרִיץ (adj) violent, mighty; (n) master [ˈā/rîṣ]

(I) עָתַר pray; (Ni) be moved by entreaties [ˈā/ṯár]

(II) צִנָּה shield [ṣin/nâ]

(I) צַר (adj) narrow; (n) distress [ṣar]

צָרַע (Qal, Pu part) suffering from a skin disease [ṣā/ráˈ]

קַיִץ summer; summer fruit [qá/yiṣ]

קָסַם practice divination [qā/sám]

שָׂגַב be (too) high; be fortified [śā/ḡáḇ]

שֵׂיב; שֵׂיבָה old age [śêḇ; śê/ḇâ]

שִׂיחַ be(come) concerned, consider [śîˀḥ]

שָׂבוּעַ week [šā/ḇû°ˀ]

שָׁכֵן inhabitant, neighbor [šā/ḵén]

שְׁפֵלָה the lowland(s) [šǝpē/lâ]

תַּבְנִית shape, form; pattern [taḇ/nîṯ]

תֹּהוּ wasteland, formlessness; nothingness [tó/hû]

S. Words Occurring 19 Times (41)

(I) אוּלָם (advs) on the other hand, however [ˈû/-lám]

(I) אָפִיק stream-channel [ˈā/p̄îq]

אַשְׁמָה guilt [ˈaš/mâ]

בָּרַר purge out, sort; sharpen? (II?) [bā/rár]

גַּאֲוָה loftiness; haughtiness [ga!/ˈăwâ]

גְּמוּל doings; recompense [gǝmûl]

דִּין lawsuit [dîn]

זָקָן beard [zā/qán]

חַטָּא sinner; sinful [ḥaṭ/ṭáˀ]

חָקַק hew out; engrave [ḥā/qáq]

(II) *יָאַל (Hi) make a beginning [yā/ˈál*]

יֹפִי beauty [yŏp̄î]

לָאָה be(come) weary [lā/ˈâ]

לֶהָבָה flame [le!/hā/ḇâ]

לָחַץ crowd, press; oppress [lā/ḥáṣ]

מָאוֹר luminary [mā/ˈôr]

מְזִמָּה plan, plot [mǝzim/-mâ]

מֵישָׁרִים straightness, fairness [mê/šā/rîm]

מַעֲלֶה ascent, steep path [ma!/ˈăléh]

מַעֲרָכָה row; battle line [ma!/ˈărā/ḵâ]

(I) נָבֵל wither [nā/ḇél]

(I) נֹגַהּ brightness, shining [nó/ḡah]

עָלֶה leaves, leaf [ˈā/léh]

עֵנָב grape (cluster) [ˈē/náḇ]

עַשְׁתֵּי (f) eleven(th) [ˈaš/ṭê]

(I) פֶּרֶץ breach, gap [pé/reṣ]

(I) פֶּתִי (adj) young, naïve [pé/ṯî]

רִיק* (v) empty out, draw (sword); muster [rîq*]

רָמַס trample, tread [rā/más]

רֹעַ bad quality [rõᵃʿ]

רָעֵב (adj) hungry [rā/ʿḗḇ]

רַעֲנָן (adj) luxuriant [ra!/ʿănán]

רָצַץ smash up; abuse [rā/ṣáṣ]

שָׂכַר hire [śā/ḵár]

שָׁאַב draw (water) [šā/ʾáḇ]

שְׁגָגָה error, inadvertence [šəḡā/ḡâ]

שׁוֹק thigh; (ext) leg [šôq]

שָׁכַר be(come) drunk(en) [šā/ḵár]

(I) שֶׁלֶג snow [šé/leḡ]

שָׁפָל (adj) deep, low; humble [šā/p̄ál]

תִּמֹרָה ornament of palm tree [ti!/mō/râ]

T. *Words Occurring 18 Times (43)*

(I) אוֹן power, strength, wealth [ʾôn]

אָחַר delay, keep back [ʾā/ḥár]

אָכְלָה food [ʾoḵ/lâ]

אָכֵן (interj) truly! indeed! [ʾā/ḵḗn]

אֹרֶב ambush [ʾō/réḇ]

בִּירָה citadel [bî/râ]

גַּחֶלֶת live coals [ga!/-ḥé/let]

דָּכָא* (Ni part) oppressed; (Pi) crush [dā/ḵắʾ*]

זְעָקָה cry, call for help [zəʿā/qâ]

זָרַח go forth, shine [zā/ráḥ]

חֵךְ palate [ḥēḵ]

חָסֵר (one who) lacks [ḥā/sḗr]

(I) חָצִיר grass [ḥā/ṣîr]

חָשַׁךְ be (grow) dark [ḥā/šáḵ]

יָבַל* (Hi) bring [yā/ḇál*]

כַּד jar [kaḏ]

(I) כָּלָא restrain [kā/lắʾ]

(II) כַּפְתּוֹר knob [kap̄/tôr]

(I) לוּן* (Ni) murmur, grumble [lûn*]

לָעַג (v) ridicule [lā/ʿáḡ]

מַטָּה (adv) below, beneath [mát/ṭā]

מָעוֹן lair; dwelling [mā/ʿôn]

(II) מְצוּדָה mountain stronghold [məṣû/dâ]

מָקוֹר spring, source [mā/qôr]

מַקֵּל shoot, twig [maq/qḗl]

מֶרְחָק distance [mer/ḥáq]

(I) נָבָל (adj) foolish [nā/ḇál]

נָזַל trickle, flow; (Qal part act) brook, watercourse [nā/zál]

נָטַף drip [nā/ṭáp̄]

סוּת* (Hi) lead astray, seduce [sûṯ*]

סָרַר be stubborn (I?) [sā/rár]

עָטָה (v) wrap, cover [ʿā/ṭâ]

(I) עָלַל* (Po) treat, deal with [ʿā/lál*]

(I) עָצַם be mighty; numerous
['ā/ṣám]

(I) צְבִי ornament; glory
[ṣəḇî]

צַלְמָוֶת darkness [ṣal/mā́/wet]

(I) קִינָה dirge, lament [qî/nā́]

רָכַל* (Qal part) trader,
merchant [rā/ḵál*]

שָׂכִיר (adj) rented, hired;

(n) hired laborer,
mercenary [śā/ḵír]

שָׁחַח stoop, crouch
[šā/ḥáḥ]

(I) שָׁקַד be awake, watch [šā/-
qáḏ]

תַּחֲנוּן* supplication
[ta!/ḥănûn*]

תָּכַן examine [tā/ḵán]

U. Words Occurring 17 Times (64)

אֶזְרָח native, citizen
['ez/rā́ḥ]

אֵימָה terror, dread ['ê/mā́]

אָסִיר; אַסִּיר prisoner ['ā/sír;
'as/sír]

בָּאַשׁ stink [bā/'áš]

בִּכּוּרִים first fruits [bik/kû/-
rím]

בְּרֵכָה pond, pool [bərē/ḵā́]

גֹּבַהּ height [gṓ/bāh]

גְּבִיר; גְּבִירָה (s m) lord, master; (f)
lady, mistress
[gəḇír; gəḇî/rấ]

גַּנָּב thief [gan/nā́b]

(II) דָּמָה come to rest, end;
(Ni ext?) be silent,
destroyed (III?)
[dā/mā́]

דָּרוֹם south; south wind
[dā/rṓm]

חֹזֶה vision [ḥō/zéh]

חִידָה riddle [ḥî/ḏā́]

(II) חֹמֶר mortar, cement; clay
[ḥṓ/mer]

(II) חָפֵר (stat) be ashamed
[ḥā/p̄ḗr]

חָפְשִׁי (adj) freed, free
[ḥop̄/šî]

חֶרֶשׂ clay, pottery [ḥé/reś]

יוֹצֵר potter, founder [yô/-
ṣḗr]

יְקָר preciousness;
honoring, esteeming
[yəqā́r]

כֵּן stand, base; place
(IV?); (ext) position
(V?) [kēn]

כְּתָב (n) document; register
[kəṯāḇ]

כָּתַת beat fine, pound up
[kā/ṯát]

מוּג* reel, melt [mûḡ*]

מָטַר* (Ni) be rained on;
(Hi) have (make)
rain fall [mā/ṭár*]

מָכוֹן place; support
[mā/ḵṓn]

מֶמְשָׁלָה dominion [mem/šā/lā́]

מִסְגֶּרֶת dungeon [mis/gé/ret]

מִשְׂגָּב high spot, refuge
[miś/gā́b]

מָשׂוֹשׂ joy [mā/śṓś]

(I) מָשַׁל make up (say) a
(mocking-) verse
[mā/šál]

מִשְׁעָן, מַשְׁעֵן; (m; f) support [miš/-
מַשְׁעֵנָה, 'án, maš/'ḗn; maš/-
מִשְׁעֶנֶת 'ē/nấ, miš/'é/net]

מַתָּנָה (I) gift, present [mat/tā/nấ]

נָדַב urge on, prompt; (Hithp) volunteer [nā/ḏáḇ]

גֶּ֫זֶם ring [né/zem]

נָקָם (human) revenge; (divine) recompense [nā/qấm]

נָקַף (II) make a (yearly) round [nā/qáp̄]

נָתִין* (pl) temple slave; bondsman [nā/tî̃n*]

סֶ֫גֶן*, סָגָן* (pl) governor, prefect [sé/ḡen*, sā/ḡán*]

עָוָה do wrong [ʿā/wấ]

עָיֵף (adj) weary, faint [ʿā/yḗp̄]

עָלַז exult [ʿā/láz]

עָמֹק (adj) deep; (ext) impenetrable [ʿā/mṓq]

עָצָב* (pl) images, idols [ʿā/ṣáḇ*]

עָרַב (I) stand (as) surety (for) [ʿā/ráḇ]

עָשַׁר be(come) rich; (Hi) make someone rich [ʿā/šár]

פֶּ֫רַח bud, flower [pé/raḥ]

צָמָא (n) thirst [ṣā/mấ']

קָדַר grow dark, turbid [qā/ḏár]

קָלוֹן shame [qā/lốn]

קְעָרָה dish [qəʿā/rấ]

רָמַשׂ swarm, teem [rā/máś]

רֶ֫מֶשׂ (coll) small animals, reptiles [ré/meś]

רַ֫עַשׁ quaking, commotion [rá/ʿaš]

רָקִיעַ plate; (met) firmament [rā/qî̃ᵃʿ]

שְׂבָכָה net; lattice, grille [śəḇā/ḵấ]

שִׂנְאָה hate, hatred [śin/ʾấ]

שָׁאוֹן (II) din, uproar [šā/ʾốn]

שְׁאֵר flesh, food; blood-relation [šəʾēr]

שׁוּשַׁן (I) lily, lotus [šû/šán]

שָׁלִישׁ (III) third man in chariot; (ext) adjutant [šā/lî̃š]

שֵׁ֫מַע hearsay, report [šḗ/maʿ]

תֶּ֫בֶן straw, chaff [té/ḇen]

תֹּף timbrel, tambourine [tōp̄]

תְּשִׁיעִי (ord) ninth [təšî/ʿî̃]

V. *Words Occurring 16 Times (64)*

אוֹב (II) spirit (of the dead) [ʾốḇ]

אָזַר put on, gird [ʾā/zár]

אֵיכָה (interr) how? in what way? (cf אֵיךְ, 4.H) [ʾê/ḵấ]

אֵלָה (I) mighty tree [ʾē/lấ]

אָמַל* (I) (Pul) dry up [ʾā/mál*]

אָמְנָה; אָמְנָם, אֻמְנָם (adv) truly, surely; (with interr) really? [ʾom/nấ; ʾom/nắm, ʾum/nắm]

בֹּ֫הֶן* thumb; big toe [bṓ/hen*]

בָּלָה become old and worn out [bā/lấ]

בַּלְעֲדֵי* (prep) apart from, except for [bal/ʿăḏê*]

בָּעַל (I) rule, own; marry [bā/ʿál]

בָּעַת* (Ni) be terrified [bā/ʿát*]

בָּצַע cut off [bā/ṣáʿ]

גְּדִי kid (goat) [gədî]

גַּל* (II) (pl) wave [gal*]

גַּנָּה garden [gan/nâ]

דְּבִיר (I) holy of holies [dəḇîr]

דּוּשׁ* trample; thresh [dûš*]

הָרֶה (adj) pregnant [hā/réh]

זוּלָה (prep) except, besides; (conj) except that [zû/lâ]

חָגַג celebrate [ḥā/ḡáḡ]

חֶמְדָּה something desirable, excellent [ḥem/dâ]

חֹרֶב dryness, drought; desolation [ḥó/reb]

חָשָׁה be quiet [ḥā/šâ]

טָבַל dip [ṭā/bál]

יְגִיעַ labor, work; gain [yəḡîᵃʿ]

יָצַג* (Hi) set (down), place [yā/ṣáḡ*]

יֶקֶב wine-vat; winepress [yé/qeb]

כָּזַב lie; (Ni) prove to be a liar [kā/záb]

לָבוּשׁ (adj) clothed, dressed [lā/bûš]

לֵץ babbler, scoffer [lēṣ]

מַחֲצִית half [ma!/ḥăṣît]

מַטָּרָה target; (men on) guard [maṭ/ṭā/râ]

מַכְאֹב pain [mak/ʾṓb]

מִכְסֶה cover(ing) [mik/séh]

מִסְפֵּד mourning (rites) [mis/péd]

מָרַר be bitter [mā/rár]

מַשָּׂאָה; מַשְׂאֵת lifting up [maś/śā/ʾấ; maś/ʾḗt]

נָזִיר (adj) dedicated; (n) Nazirite [nā/zîr]

נָשָׁא (I) lend, make a loan [nā/šấ]

נָשָׁא* (II) (Ni) be deceived [nā/šấ*]

נָשָׂה (II) Cf (I) נָשָׁא

סוּפָה (I) (storm-) wind [sû/p̄â]

סֹחֵר trader, merchant [sō/ḥḗr]

סַם* (pl coll) perfume [sam*]

עָנָה (IV) sing [ʿā/nâ]

עָרוֹם (adj) naked [ʿā/rṓm]

עָרְלָה foreskin [ʿor/lâ]

פָּרַע let (hang) loose [pā/ráʿ]

פֵּשֶׁת flax, linen [pḗ/šet]

צוּד* hunt [ṣûd*]

צִיָּה dry country, desert [ṣiy/yâ]

צֶמֶר wool [ṣé/mer]

קֶלַע* (II) (pl) curtain [qé/laʿ*]

קַשׁ stubble [qaš]

רְבָבָה very great multitude; ten thousand [rəḇā/bâ]

רַב(־)שָׁקֵה (Assyrian office?) cupbearer [rab(-/)šā/qḗh]

רָגַם (v) stone (someone) [rā/ḡám]

רֵיקָם (adv) emptily [rê/qám]

רַךְ (adj) tender, frail [rak]

שְׂחוֹק laughter [śəḥôq]

שֵׂכֶל, שֶׂכֶל insight, understanding [śé/kel, śé/kel]

(I) שַׂלְמָה mantle, wrapper (cf
    שִׂמְלָה, 5.J) [śal/mấ]

(I) שָׁוָה be(come) like, equal
    [šā/wấ]

W. Words Occurring 15 Times (48)

אַמְתַּחַת sack; load?
    [ˀam/tá/ḥat]

אָרֵךְ; אֶרֶךְ (abs; cstr) slow, long
    [ˀā/rḗk; ˀé/rek]

גָּזַז shear (sheep), cut
    (hair) [gā/záz]

גֻּלָּה basin [gul/lấ]

גָּלוּת exile, deportation;
    exiles [gā/lût]

(I) גָּלַל roll [gā/lál]

גְּעָרָה (n) rebuke; threat
    [gəˁā/rấ]

*גָּרָה (Pi) go to law
    [gā/rấ*]

דֶּשֶׁן fat; fatty ashes
    [dé/šen]

(III) הָלַל be deluded [hā/lál]

חָצָה divide [ḥā/ṣấ]

יֹשֶׁר straightness, up-
    rightness [yó/šer]

כָּבַשׁ subdue, subject
    [kā/báš]

כָּלִיל (adj) entire, whole;
    (n) entirety [kā/lîl]

מֹאזְנַיִם (du) scales, balance
    [mōˀ/zəná/yim]

מִבְטָח trust, confidence
    [mib/ṭáḥ]

*מוּר (Ni, intrans) change;
    (Hi) exchange
    [mûr*]

(I) מְחִיר equivalent value,
    market price
    [məḥîr]

מִלֻּאִים consecration, ordina-
    tion [mil/lu!/ˀîm]

*שֵׁפֶט (pl) judgment; (ext)
    punishment [šé/p̄eṭ*]

מִקְנָה acquisition [miq/nấ]

נָגַן (Qal part) musician,
    string-player; (Pi)
    play a stringed
    instrument [nā/ḡán]

סַל basket [sal]

(II) עָצַב find fault with, hurt
    [ˁā/ṣáb]

עֵקֶב (to the) end; reward;
    (conj) because (of)
    [ˁé/qeb]

עֲרָפֶל darkness, gloom
    [ˁărā/p̄él]

עָרַץ be afraid, alarmed
    [ˁā/ráṣ]

עָשׂוֹר (group of) ten
    [ˁā/śôr]

עֹשֶׁק oppression [ˁó/šeq]

פּוּחַ (v) blow, blast
    [pûˀḥ]

פָּצָה open up [pā/ṣấ]

צִיץ; צִיצָה (s m; f) blossom (I);
    (artificial) flower (II)
    [ṣîṣ; ṣî/ṣấ]

(I) צֶלֶם image [ṣé/lem]

צֶמֶד yoke, team; (ext) acre
    [ṣé/med]

צָמַת (v) silence; (Ni) be
    silenced [ṣā/mat]

קָדַד bow down, kneel
    down [qā/ḏáḏ]

(II) קָצַר be (too) short [qā/ṣár]

רָוָה drink one's fill
    [rā/wấ]

רֹמַח (pl) lances [ró/maḥ]

רְמִיָּה slackness (I?); deceit (II?) [rəmiy/yắ]

(I) שִׁבֹּלֶת ear (of grain), bunch of twigs [šib/bó/leṭ]

(I) *שׁוּר gaze on, regard [šûr*]

שָׁעָה look, gaze [šā/ʿắ]

שֶׁרֶץ (coll) swarming things, swarm [šé/reṣ]

תֹּאַר form, shape [tó/'ar]

תָּם (adj) complete, right, peaceful [tām]

תַּנּוּר oven, furnace [tan/nûr]

תַּנִּין; תַּנִּים sea monster [tan/nĩn; tan/nĩm]

תְּרָפִים idols, household gods [tərā/p̄ĩm]

X. Words Occurring 14 Times (68)

אֵזוֹר waistcloth, loincloth ['ē/zôr]

(I) אֵיתָן (adj, n) perennial; (met) constant ['ê/ṯắn]

אָנַף be angry ['ā/náp̄]

בּוּז show contempt for, despise [bûz]

(III) בַּר grain [bar]

בָּרִיא fat [bā/rĩ']

גְּאֻלָּה right (duty) of re-demption [gə'ul/lắ]

גָּבִיעַ (drinking) bowl, cup [gā/ḇî'a']

גָּעַר (v) reproach [gā/ʿár]

דֶּגֶל banner [dé/ḡel]

דַּק (adj) scanty, fine [daq]

דֶּשֶׁא grass [dé/še']

(I) הָמַם confuse, disturb [hā/mám]

זוּ (dem and rel pr; c) this [zû]

(I) חוֹתָם (n) seal [ḥô/ṭắm]

חָכָה await [ḥā/ḵắ]

חַלָּה (ring-shaped) bread [ḥal/lắ]

טוּל (Hi) throw [ṭûl]

יַבָּשָׁה dry land [yab/bā/šắ]

יָגוֹן torment, grief [yā/ḡốn]

יְרֻשָּׁה property [yəruš/šắ]

(II) כָּבֵד liver; (liver-) divi-nation [kā/ḇéḏ]

כְּהֻנָּה priesthood [kəhun/-nắ]

(I) כָּרָה excavate, dig [kā/râ]

(I) כַּרְמֶל orchard [kar/mél]

(II) לָוָה borrow; (Hi) lend to [lā/wắ]

לַפִּיד torch; (ext) lightning [lap/pĩḏ]

מָחַץ dash, beat to pieces [mā/ḥáṣ]

מִכְשׁוֹל offense, obstacle [mik̠/šôl]

(I) מָן manna [mān]

(II) מַעֲרָב sunset, west [ma!/ʿăráḇ]

מְצִלָּה; (pl) bell; (du) cym-bals [məṣil/lắ; məṣil/tá/yim]
מְצִלְתַּיִם

מָרַט pluck (hair) [mā/ráṭ]

מַשְׂכִּיל (type of) psalm [maś/kĩl]

נְגִינָה string music
[nəḡî/nấ]

נֶתֶק a skin disease [né/ṭeq]

סָתַם plug up, stop up
[sā/ṭám]

(I) עֶגְלָה heifer [ˈeḡ/lấ]

עֲדִי (s and coll) orna-
ment(s) [ˈăḏî]

עָכַר (make) trouble; make
(someone) taboo?
[ˈā/ḵár]

עָצֵל (adj) slow, sluggish
[ˈā/ṣếl]

עָקֵב heel [ˈā/qéḇ]

*עָרָה (Ni) be poured out;
(Pi) empty out
[ˈā/râ*]

פָּגַשׁ meet [pā/ḡáš]

פִּסֵּחַ (adj) lame [pis/séᵃḥ]

פְּעֻלָּה work, deeds; reward,
wages [pəˈul/lấ]

פֶּרֶד mule [pé/reḏ]

פָּרַס break [pā/rás]

פַּת bit, morsel [pat]

צָבָא go to war, serve
[ṣā/ḇấ]

(II) צְבִי gazelle (species)
[ṣəḇî]

(I) צַיִד game; hunting
[ṣá/yiḏ]

צַעַד walking; (pl) steps
[ṣá/ˈaḏ]

קְבוּרָה burial, grave
[qəḇû/rấ]

קֶמַח flour [qé/maḥ]

קָצַץ cut off, trim [qā/ṣáṣ]

קֶשֶׁר conspiracy [qé/šer]

רָוַח feel relieved; (Hi)
smell, enjoy the
smell of [rā/wáḥ]

רֵיק, רֵק (adj) empty [rêq, rēq]

רָעֵב (stat) be hungry
[rā/ˈéḇ]

(II) שִׂיחַ (object of) concern,
interest [śî̆ᵃḥ]

שְׁאֵלָה request [šə·ē/lấ]

שָׁאַף gasp, pant (for)
[šā/ˈáp̄]

שָׁרַץ swarm, teem [šā/ráṣ]

(II) תּוֹר turtledove [tôr]

תּוֹשָׁב sojourner, alien
[tô/šáḇ]

(I) תַּחַשׁ porpoise? dolphin?
[tá/ḥaš]

תַּן (pl) jackal [tan]

Y. Words Occurring 13 Times (63)

אָנָּא (imprec) please! I
pray! [ˈān/nấ]

אָרַג weave; (Qal part)
weaver [ˈā/ráḡ]

בָּחִיר (adj) chosen, elect
[bā/ḥîr]

(II) בַּת bath (liquid measure)
[bat]

גֹּדֶל greatness [gó/del]

גָּדֵר (stone) wall
[gā/ḏếr]

גְּוִיָּה body [gəwiy/yấ]

דָּקַק crush [dā/qáq]

(II) הַוָּה (n) ruin [haw/wấ]

הָלְאָה (adv) out there,
onward [hā/lə·â]

וָו (pl) nail [wāw]

זֵד (adj) arrogant [zēḏ]

זוֹב (mucous or blood)
discharge [zôḇ]

זָמַם think, plan [zā/mám]

זְנוּנִים prostitution
[zənû/nîm]

חָבַק embrace [ḥā/b̲áq]

חָזֶה chest (of animal)
[ḥā/zéh]

חַנּוּן (adj) gracious,
friendly [ḥan/nûn]

חָנֵף (adj) godless [ḥā/nḗp̲]

(I) *חֹר (pl) noble [ḥōr*]

טָהֳרָה (cultic) purity
[ṭo!/hŏrâ]

טִיט wet clay, mud [ṭîṭ]

טַעַם (n) taste [ṭá/ʿam]

יְבוּל (n) produce [yəb̲ûl]

יָלִיד son; one born a slave
[yā/lîd̲]

יְשִׁימוֹן desert, wilderness
[yəšî/mṓn]

(IV) כֹּפֶר bribe [kṓ/p̲er]

לוּלֵא; לוּלֵי (conj) if not [lû/lḗʾ;
lû/lḗ]

לֻלָאֹת loops [lu!/lā/ʾōt]

מַבּוּל flood [mab/bûl]

מוֹסָד foundation (-wall),
base [mô/sād̲]

מַחְמָד (something) desirable
[maḥ/mád̲]

מַחְסוֹר (n) want, need
[maḥ/sôr]

מָנָה portion, part, share
[mā/nâ]

(II) מַעְגָּל track, rut [maʿ/gál]

מֵצַח forehead [mḗ/ṣaḥ]

מִרְעֶה pasture [mir/ʿéh]

(I) מַרְפֵּא healing [mar/pḗʾ]

נְבָלָה stupidity [nəb̲ā/lâ]

נָעִים (adj) pleasant, lovely
[nā/ʿîm]

(II) עָטַף grow weak, faint
[ʿā/ṭáp̲]

(II) *פָּאַר (Pi) glorify [pā/ʾár*]

פֶּלֶא (n) marvel [péle/ʾ]

פְּנִימָה (adv) into, inside
[pənî/mâ]

פָּקִיד officer [pā/qîd̲]

צָחַק laugh; (Pi) joke, play
[ṣā/ḥáq]

צְפַרְדֵּעַ (coll) frogs
[ṣəp̲ar/dḗ°a]

קָבַב curse [qā/b̲áb̲]

*קָבַל (Pi) accept, receive
[qā/b̲ál*]

(I) קַו; קָו (measuring-) cord
[qāw; qaw]

קַל (adj) light, quick
[qal]

קֵן nest; (pl) compart-
ments [qēn]

רָגַע (intrans) crust over,
come to rest [rā/g̲áʿ]

רַחוּם (adj) compassionate
[ra!/ḥûm]

שְׂרֵפָה (place of) burning,
conflagration
[śərē/p̲â]

שׁוֹאָה (trad) ruin, storm;
(better) pit [šô/ʾâ]

(I) *שׁוּט roam about, rove
[šûṭ*]

שְׁחִין boil, ulcer [šəḥîn]

(II) שָׁחַר be intent on; (Pi)
seek [šā/ḥár]

שִׁכּוֹר (adj) drunk(en)
[šik/kṓr]

שָׁלַל (v) plunder, spoil
[šā/lál]

תָּא guardroom [tāʾ]

תַּעַר razor, knife [tá/ʿar]

Z. Words Occurring 12 Times (78)

אַדֶּרֶת splendor; robe
['ad/dé/ret]

(II) אַיִן (interr) (from) where?
['á/yin]

אָנַח* (Ni) sigh, groan
['ā/náḥ*]

אֹפֶה baker ['ō/p̄éh]

בַּהֶרֶת white patch of skin
[ba!/hé/ret]

(I) בּוּז contempt [bûz]

בּוּס* trample down [bûs*]

בִּי (formula to open
conversation with
superiors; lit "on
me") [bî]

(I) גַּב something arched;
torus, boss [gab]

גְּדוּלָה (?) greatness [gǝdûl/lâ]

(III) גּוּר* be afraid (of) [gûr*]

(I) גָּזַר cut; decide [gā/zár]

גֻּלְגֹּלֶת skull [gul/gṓ/let]

דֹּב (n; c) bear [dōb]

זָעַם (v) curse, scold
[zā/'ám]

חָבֵר (m) companion
[ḥā/bḗr]

(II) חַיָּה life; greed, appetite
[ḥay/yâ]

חֲלִיפָה change, relief
[ḥǎlî/p̄â]

חָלָק (adj) smooth [ḥā/láq]

(III) חֹמֶר homer (dry measure)
[ḥṓ/mer]

חָפָה (v) cover, veil
[ḥā/p̄â]

חָפֵץ having pleasure in;
willing [ḥā/p̄éṣ]

חֵקֶר searching [ḥḗ/qer]

חֹשֵׁב weaver, technician
[ḥō/šḗb]

(I) טֶבַח slaughtering [ṭé/baḥ]

טוּחַ* (v) plaster, overlay
[ṭûᵃḥ*]

יוֹנֵק suckling; infant
[yô/néq]

יָחִיד (adj) only [yā/ḥîd]

(I) יֶרַח (lunar) month [yé/raḥ]

כַּמָּה, כַּמֶּה (interr pr) how much?
how many? [kam/-
mā, kam/méh]

(I) כַּר ram; battering-ram
[kar]

לְבֵנָה brick; paving-stone
[lǝbē/nâ]

לַהַב flame [lá/hab]

(I) לָוָה accompany; (Ni) be
joined, join [lā/wâ]

לַחַץ oppression, affliction
[lá/ḥaṣ]

(I) מִבְחָר (the) choicest, best
[mib/ḥár]

מֶגֶד yield of fruit; (f pl)
precious gifts
[mé/ḡed]

מַד clothing, garment
[mad]

מְהוּמָה confusion, panic
[mǝhû/mâ]

מוֹטָה yoke, collar; carrying
poles? [mô/ṭâ]

מוֹסֵר fetter(s), chain(s)
[mô/sḗr]

מוֹרָא fear, terror [mô/rá']

מַסַּע breaking (camp),
departure [mas/sá']

מְצוּלָה deep, depths
[mǝṣô/lâ]

מִצְנֶפֶת headband, turban
[miṣ/né/p̄et]

מִקְצוֹעַ corner [miq/ṣōᵃ']

מֹר myrrh [mōr]

מַרְאָה vision [mar/'ā́]

מְשׁוּבָה* defection [məšû/ḇâ*]

מָתוֹק sweet [mā/tôq]

נָזַר dedicate oneself (to a deity) [nā/zár]

נָפַח (v) blow [nā/p̄áḥ]

(I) נְצִיב pillar; garrison [nəṣîḇ]

(I) נָשַׁךְ bite [nā/šák]

נֶשֶׁךְ interest (on debt) [né/šek]

נֶשֶׁף twilight, darkness [né/šep̄]

נֵ֫תַח piece (of meat) [né/taḥ]

סָעַד support, sustain [sā/'áḏ]

(?) עָוַת pervert; (Pi) make crooked, falsify (I עוּת?) ['ā/wát]

עָמִית fellow, comrade ['ā/mît]

עָקָר (adj) barren ['ā/qár]

(I) עֹרֵב raven ['ō/réḇ]

פֶּ֫טֶר; פִּטְרָה firstborn [pé/ṭer; piṭ/râ]

צֶ֫מַח (coll) growth, what sprouts [ṣé/maḥ]

קָדְקֹד crown of head [qoḏ/qóḏ]

קוֹץ thorn bush [qôṣ]

קָצִין leader [qā/ṣîn]

רֹאֶה seer; (seeing) visions [rō/'éh]

(II) רֹאשׁ poisonous plant; (ext) poison [rō'š]

(II) רָבַע (den; Qal part pass) squared [rā/ḇá']

רַגְלִי foot soldier [raḡ/lî]

רִיק (n) emptiness; (adj) empty, worthless [rîq]

רִקְמָה fabric (of varied colors) [riq/mâ]

שָׁסָה (v) plunder; (Qal part) plunderer [šā/sâ]

שָׁרַק (v) whistle [šā/ráq]

תּוּשִׁיָּה success [tû/šiy/yâ]

תִּיכוֹן (adj) the middle [tî/ḵôn]

(I) תָּמָר date palm [tā/már]

AA. *Words Occurring 11 Times (64)*

אֲבָל (interj) truly; (advs conj) but, however ['ăḇāl]

אֲנָחָה (n) sigh, groan ['ănā/ḥấ]

אִסָּר vow of abstinence ['is/sắr]

אָרַשׂ* (Pi, Pu) become engaged ['ā/ráś*]

אֶתְנַן gift ['eṯ/nán]

בָּדָד solitude; (adv) alone [bā/ḏáḏ]

(II) גָּאַל* (Ni) become polluted [gā/'ál*]

גָּזִית hewn stone, ashlar [gā/zît]

(I) גֵּרָה cud [gē/râ]

דָּקַר pierce [dā/qár]

דָּשֵׁן (stat) become fat [dā/šḗn]

הָדַף shove [hā/ḏáp̄]

הֲלֹם (adv) (to) here [hălōm]

זָדוֹן arrogance [zā/ḏṓn]

זַךְ (adj) pure [zak]

זָנָב tail; (met) end [zā/nā́ḇ]

(I) חֹוחַ thorn bush, thorn [ḥṓᵃḥ]

חָמוֹת mother-in-law [ḥā/mṓṯ]

חָמֵץ something leavened [ḥā/mḗṣ]

(I) חָנֵף be godless, defiled [ḥā/nā́p]

חַרְטֹם soothsayer-priest [ḥar/ṭṓm]

חָשַׁק (v) love [ḥā/šáq]

טָבַח (v) slaughter [ṭā/ḇáḥ]

טָעַם taste, eat [ṭā/ʿám]

יִדְּעֹנִי spirit of the dead; soothsayer [yid/də̄ʿ ō/nî́]

יָקַץ (intrans) awake, wake up [yā/qáṣ]

יָקַר be difficult; be valued; be precious, rare [yā/qár]

יֹתֶרֶת (extra) lobes of (animal) liver; (met) what is redundant [yō/ṯé/reṯ]

כָּנַס gather, collect [kā/nás]

לָבִיא (poet) lioness [lā/ḇî́ʾ]

לָהַט consume, burn (I?); (Pi) devour (II?) [lā/háṭ]

(II) מָגוֹר* (pl) sojourning; alien citizenship [mā/g̱ṓr*]

מְחִתָּה terror [məḥit/tấ]

מְצָד stronghold [məṣāḏ]

(I) נֵבֶל (storage-) jar [nḗ/bel]

נָבַע (v) bubble (brook) [nā/ḇáʿ]

(II) נָעַר shake [nā/ʿár]

סֹלְלָה siege mound, rampart [sō/lălấ]

סַפִּיר lapis lazuli [sap/pîr]

עוֹלֵל child [ʿô/lḗl]

עָזַז be strong, prevail [ʿā/záz]

עָמַל labor, exert oneself [ʿā/mál]

עָנַן* (Pi) cause to appear, conjure up [ʿā/nán*]

עֲצָרָה; עֲצֶרֶת festive assembly [ʿăṣā/rấ; ʿăṣé/reṯ]

(I) עִקֵּשׁ (adj) perverted [ʿiq/qḗš]

עָרוּם (adj) subtle, crafty [ʿā/rûm]

פִּתּוּחַ engraving [pit/tû́ᵃḥ]

פָּתִיל thread, cord [pā/ṯî́l]

צֶאֱצָא* (pl) offspring [ṣe!/ʾĕṣấ*]

(I) צוּק* (Hi) press hard, oppress [ṣûq*]

(I) קָדֵשׁ (adj) consecrated; (n) cult prostitute [qā/ḏḗš]

קֶסֶם divination [qé/sem]

קָרֵב (adj) approaching [qā/rḗḇ]

קָרְחָה baldness [qor/ḥấ]

רִבּוֹ; רִבּוֹא countless; ten thousand [rib/bṓ; rib/bṓʾ]

(I) רָעַם (v) storm, thunder [rā/ʿám]

רָקַע stamp; (Pi) hammer out [rā/qáʿ]

שַׁאֲנָן (adj) at ease, tranquil [ša!/ʾănán]

שַׁבָּתוֹן sabbath feast [šab/bā/ṯṓn]

(I) שֹׁהַם onyx? carnelian? lapis
lazuli? [šō/hám]

*שׁוּל (pl) flowing skirt;
hem of skirt [šûl*]

שַׁוְעָה cry for help [šaw/ʿâ]

שֶׁקֶץ (cultic) abomination
[šé/qeṣ]

שָׁתַל plant, transplant
[šā/ṯál]

BB. *Words Occurring 10 Times (67)*

אִגֶּרֶת (official, commercial)
letter [ʾig/gé/reṯ]

אֹדוֹת (prep) on account of;
(conj) because
[ʾō/ḏôṯ]

אָדַם be red; (Pu part) dyed
red [ʾā/ḏám]

*אוּץ urge, be in a hurry;
(Hi) urge [ʾûṣ*]

אֵזוֹב hyssop? [ʾē/zôḇ]

(VI) אֵל (dem pr) these [ʾēl]

(I) אַלּוֹן terebinth, tall tree
[ʾē/lṓn]

אֲפֵלָה darkness [ʾăp̄ē/lâ]

בִּגְלַל on account of, for the
sake of [biḡ/lál]

בֶּדֶק chink; leak (in ship)
[bé/ḏeq]

בִּזָּה plunder (act and ob-
jects of) [biz/zâ]

בְּכֹרָה right of firstborn
[bǝḵō/râ]

בַּלָּהָה sudden terror
[bal/lā/hâ]

בְּמוֹ (prep) in, by [bǝmô]

בְּתוּלִים virginity; evidence of
virginity [bǝṯû/lîm]

גְּבוּלָה boundary, territory
[gǝḇû/lâ]

גָּדַר erect a wall [gā/ḏár]

(II) גָּלָל Cf בִּגְלַל

גָּעַל abhor [gā/ʿál]

גָּעַשׁ shake [gā/ʿáš]

הַלָּז; הַלָּזֶה (dem pr, m and f; m)
this [hal/láz;
hal/lā/zéh]

הֶרֶג; הֲרֵגָה (s m; f) killing,
murder; slaughter
[hé/reḡ; hărē/ḡâ]

זִיד treat insolently [zîḏ]

זֵר molding [zēr]

(II) חָבַל treat badly [ḥā/bál]

*חָדַשׁ (Pi) make new,
restore [ḥā/ḏáš*]

חֲלָצַיִם (du) loins
[ḥălā/ṣá/yim]

חֶמְאָה curdled milk [ḥem/ʾâ]

חָרֵב (adj) dry, waste
[ḥā/rḗḇ]

(I) חָרַץ (idiom) threaten;
settle, determine
[ḥā/ráṣ]

טָבַע sink in [ṭā/báʿ]

יִתְרוֹן outcome, profit
[yiṯ/rṓn]

כַּבִּיר strong, powerful
[kab/bîr]

כֶּלֶא confinement; prison
[ké/leʾ]

מִלּוֹא terrace? (construc-
tion) fill? [mil/lôʾ]

מִמְכָּר selling, sale
[mim/kắr]

מִסְתָּר hiding place [mis/tắr]

מַצָּב post (of duty)
[maṣ/ṣáḇ]

מָקַק (Ni) rot [mā/qáq]

מִקְרֶה happening, occur-
rence [miq/réh]

מְרַאֲשׁוֹת head place
[məra/ʾăšốṯ]

מַרְעִית pasturage [mar/ʿîṯ]

נָגַח (v) gore [nā/ḡáḥ]

*נָגַר (Ni) flow, gush forth
[nā/ḡár*]

*נָהַל (Pi) lead, guide
[nā/hál*]

נְחוּשָׁה copper, bronze
[nəḥû/šā́]

נֶשֶׁק, נֵשֶׁק armor, weaponry
[nḗ/šeq, né/šeq]

עֵירֹם (adj) naked; (n)
nakedness [ʿê/rốm]

*עָנַג (Pu part) pampered,
spoiled; (Hith)
pamper oneself
[ʿā/náḡ*]

עַפְעַפַּיִם (du) eyelids?; rays;
flashing glance of
the eye [ʿap̄/ʿap̄/-
pá/yim]

עֲרֵמָה heap [ʿărē/mā́]

עֶרֶשׂ bedstead, couch
[ʿé/reś]

פָּזַר (Qal part pass)
dispersed; (Pi)
disperse, scatter
[pā/zár]

פַּחַת pit [pá/ḥaṯ]

(I) פֶּלֶג canal [pé/leḡ]

פֶּרֶא wild ass, onager?
zebra? [pé/reʾ]

פָּרַק tear away [pā/ráq]

צָמֵא (stat) be thirsty
[ṣā/mḗ]

(I) קַדְמֹנִי (adj) eastern
[qaḏ/mō/nî̂]

קָמָה standing grain
[qā/mā́]

קֶרֶס (pl) hook [qé/res]

שָׂבֵעַ (adj) full, satisfied
[śā/ḇḗaᶜ]

שָׁמֵן (adj) fat [šā/měn]

(I) שְׁפִי barrenness, baldness
[šəp̄î]

שְׁרִרוּת hardness, stubborn-
ness [šəri/rûṯ]

*תַּהְפּוּכָה (pl) perversity [tah/-
pû/ḵā*]

תְּמוּנָה form, image
[təmû/nā́]

SECTION 6: ARAMAIC VOCABULARY (648)

A. *Words Occurring More Than 50 Times (15)*

אֱדַיִן (adv) then ['ĕdá/yin] 57

אֱלָהּ god; God ['ĕlāh] 95 §

אֲמַר say; command ['ămar] 73 ‡

בְּ־ (pref prep) in, through, by (means of), for 50 †

דִּי ; דְּ־ (rel particle) what, that which [dî] 292

הֲוָה be, happen, exist [hăwâ] 70 §

וְ־ (pref conj) and, also, even 50 †

כְּ־ (pref prep) like, as 70 †

כֹּל all, whole [kōl] 82 †

לְ־ (pref prep) for, to 70 †

לָא; לָהּ (adv) not [lā'; lâ] 70 ‡

מֶלֶךְ king [mé/lek] 178 †

מַלְכוּ kingship; kingdom [mal/kû] 57 §

מִן (prep) from, out of [min] 100 †

עַל (prep) on, upon; against; toward; concerning ['al] 98 †

B. *Words Occurring 50 through 20 Times (27)*

אֱנָשׁ (sg def coll) mankind ['ĕnāš] 25

אֲרַע (the) earth; (ext) inferior ['ăra'] 21

בַּיִת house; (ext) temple [bá/yit] 44 †

בְּנָה build [bənâ] 22 ‡

גְּבַר man [gəbar] 21 ‡

דְּהַב gold [dəhab] 23

דְּנָה (dem pr m; adj) this [dənâ] 42

חֲזָה see, perceive [ḥăzâ] 31 ‡

חֵיוָה beast, animal [ḥê/wâ] 20

חֵלֶם dream [ḥé/lem] 22 §

טְעֵם understanding, good sense; report [ṭə'ēm] 30 ‡

יְדַע know [yəda'] 47 ‡

יְהַב give [yəhab] 28 ‡

מִלָּה word [mil/lâ] 24 †

עֲבַד do, make ['ăbad] 28 ‡

עַד (prep) up to, until; (conj) until ['ad] 34 †

עִם (prep) with ['im] 22 †

עֲנָה answer; (ext) begin to speak ['ănâ] 30 ‡

פַּרְזֶל iron [par/zél] 20 §

פְּשַׁר interpretation [pəšar] 31 ‡

קֳבֵל (prep) before, in front of [qŏbēl] 29

קֳדָם (prep) before, in front of [qŏdām] 42 ‡

קוּם stand (rise) up [qûm*] 35 ‡*

†רַב (adj) great; chief [rab]
23
†*שִׂים set, lay, put [śîm*] 26
§שְׁמַיִן heaven, sky

[šəmá/yin] 38
‡שְׁנָה be different, diverse
[šənâ] 21

C. *Words Occurring 19 through 13 Times (34)*

אִיתַי existence; there is
(are) [ʾî/ṯái] 17
אִלֵּךְ (dem pr) these
[ʾil/lḗḵ] 14
§אֲנָה (pers pr) I [ʾănâ] 16
אַנְתָּה (pers pr, m s) you
[ʾan/tấ] 15
‡אֲתָה come [ʾăṯâ] 16
‡גַּו, גּוֹ interior [gaw, gô] 13
דֵּךְ, דָּךְ (dem adj, s m; f) that
[dēḵ, dāḵ] 13
†דָּת decree; state law, law
[dāṯ] 14
†הוּא (pers pr) he; (dem
adj) that [hûʾ] 14
‡הֵיכַל palace; temple
[hê/ḵál] 13
†הֵן (conj) if; whether
[hēn] 15
חַד one [ḥad] 14
‡*חֲוָה (Pa, Ha) make known
[ḥăwâ*] 15
§חַכִּים (adj) wise (man)
[ḥak/kîm] 14
‡יַד hand; (ext) power
[yad] 17
†יוֹם day [yôm] 15
‡כְּסַף silver [kəsap̄] 13

כְּעַן now [kəʿan] 13
מָא ;מָה† (interr pr) what?;
(rel pr) what, that
which [mâ; māʾ] 14
‡נְהַר stream, river [nəhar]
15
נוּר fire [nûr] 17
‡עֲבַר the opposite bank
(i.e., west of the
Euphrates) [ʿăbar] 14
†עֲלַל go in [ʿălal] 14
§עָלַם remote time, eternity
[ʿā/lám] 19
†עַם (coll) people [ʿam] 15
‡צְלֵם statue [ṣəlēm] 17
§קַדִּישׁ (adj) holy [qad/dîš] 13
†קֶרֶן horn [qé/ren] 14
‡רֵאשׁ head; beginning [rēʾš]
14
†שַׂגִּיא (adj) great; much,
many; (adv) very
[śag/gîʾ] 13
‡*שְׁכַח (Ha) find [šəḵaḥ*] 18
‡שְׁלַח send [šəlaḥ] 14
שָׁלְטָן lordship, dominion
[šol/ṭán] 14
תְּלָת; תְּלָתִין (m) three; (pl) thirty
[təlāṯ; təlā/ṭîn] 13

D. *Words Occurring 12 through 10 Times (29)*

אָחֳרָן; אַחֲרִי (s m; f) another
[ʾā/ḥŏrán; ʾă/ḥŏrî] 11
†אַרְיֵה lion [ʾar/yéh] 10
אַתּוּן furnace [ʾat/tûn] 10
‡*בְּהַל (Pa) frighten; (Hith-
pe) hurry [bəhal*] 11

†*בֵּן (pl) son (cf II בַּר,
6.E) [bēn*] 11
‡בְּעָה seek, request [bəʿâ] 12
‡גֹּב pit [gōb] 10

דְּקַק ‡ break into pieces [dəqaq] 10

הֲמוֹן ;§הִמּוֹ (pers pr m) they, them [him/mô; him/môn] 12

זְמָן † time [zəmān] 11

חֱזוּ vision; appearance [ḥĕzû] 12

יְכָל ‡ (stat) be able; overpower [yəkil] 12

כְּתָב † writing, inscription; document; rule [kətāb] 12

מְדִינָה province [mədî/nấ] 11

מָן ‡ (interr pr) who? (rel pr) whoever [man] 10

נְפַל ‡ fall (down) [nəpal] 11

נְפַק go out [nəpaq] 11

סְגִד ‡ pay homage (to) [səgid] 12

עִדָּן time ['id/dấn] 12

עֶלָּי superior, highest; (ext) most high God ['il/lấi] 10

פֶּחָה † governor [pe!/ḥấ] 10

פְּלַח ‡ serve (God) [pəlaḥ] 10

צְבָה long to, desire to [ṣəbâ] 10

קְרָא ‡ shout; read [qərā'] 11

רוּחַ † wind; spirit [rū'aḥ] 11

רְמָה ‡ throw; place; impose [rəmâ] 12

שְׁאָר † remainder, rest [šə'ār] 12

שַׁלִּיט † (adj) mighty, powerful [šal/lîṭ] 10

שֻׁם ‡ name [šum] 12

E. *Words Occurring 9 and 8 Times (29)*

אַב ‡ father ['ab] 9

אֶבֶן stone ['é/ben] 8

אֲחַשְׁדַּרְפַּן* (pl) satrap ['ăḥaš/-dar/pán*] 9

אֻמָּה † nation(s) ['um/mâ] 8

אַרְבַּע* † (f) four ['ar/bá'*] 8

אֲתַר; בָּ(א)תַר trace, place; (prep) in place (of), after ['ătar; bā(')/tár] 8

(I) בַּר † field [bar] 8

(II) בַּר † son (cf בֵּן, 6.D) [bar] 8

גְּלָה ‡ reveal; (Ha) deport [gəlâ] 9

חָכְמָה † wisdom [ḥok/mấ] 8

חֲסַף (formed) clay [ḥăsap] 9

יְקַד burn [yəqad] 8

יַתִּיר (adj) extraordinary; (adv) extremely [yat/tîr] 8

כָּהֵן ‡ priest [kā/hḗn] 8

כֵּן † (adv) thus, so [kēn] 8

כַּשְׂדָּי Chaldean(s); (ext) astrologers [kaś/dấi] 9

כְּתַב ‡ write [kətab] 8

לֵב; †לְבַב ‡ heart [lēb; ləbab] 8

מְטָא extend, reach [məṭā'] 8

נְחָשׁ§ copper, bronze [nəḥāš] 9

סְלִק ‡ go (come) up [səliq] 8

עֲדָה ‡ go (away) ['ădâ] 9

קְרֵב ‡ approach, step up to [qərēb] 9

קִרְיָה † town, city [qir/yấ] 9

רַבְרְבָן* (pl) lord, noble [rab/rəbán*] 8

רָז secret [rāz] 9

שֵׁיזֵב (loanword) rescue, save [šê/zíḇ] 9

‡שְׁמַע hear; (Hithpa) obey [šəmaʿ] 9

תוּב return [tûḇ] 8

F. Words Occurring 7 Times (27)

‡אֲבַד go to ruin, perish [ʾăḇad]

‡אֲזַל go (away) [ʾăzal]

‡אֲכַל eat [ʾăkal]

אָסְפַּרְנָא (adv) exactly, eagerly [ʾos/pár/nāʾ]

‡אֱסָר interdict [ʾĕsār]

†דוּר* live, dwell [dûr*]

†הִיא (pers pr) she [hîʾ]

‡הֲלַךְ go [hălak]

†חַי (adj) living, alive; (pl) life [ḥai]

†חַיִל strength; army [ḥá/yil]

יְקָר honor, majesty [yəqār]

‡כְּלַל* (Shaphel) finish [kəlal*]

†כְּנָת* (pl) colleague [kənāṯ*]

(II) לָהֵן (conj) unless, except;

(advs) but, but rather [lā/hén]

§לִשָּׁן tongue; (ext) language [liš/šǎn]

‡מְאָה hundred [məʾâ]

מָאן (pl) vessel [māʾn]

‡נְתַן give [nətan]

עֲבֵד servant [ʾăḇēd]

‡עֲשַׂר ; עֶשְׂרִין (m) ten; (pl) twenty [ʾăsar; ʾeś/rín]

‡קְטַל kill [qəṭal]

§קָל voice; sound [qāl]

‡רְגַל* (du) foot [rəḡal*]

‡רְשַׁם write [rəšam]

‡שְׁלֵט rule; overpower [šəlēṭ]

(I) ‡שְׁנָה year [šənâ]

תּוֹר (pl) bull, ox, steer [tôr]

G. Words Occurring 6 Times (22)

אִילָן tree [ʾî/lán]

‡אָשַׁף conjurer [ʾā/šáp̄]

‡בְּטֵל (intrans) stop; be discontinued [bəṭēl]

‡גְּזַר (part pl) astrologers; (Hith) be cut out [gəzar]

דְּחַל (part) fear, frightening [dəḥal]

†הֲ־ (pref interr particle)

זִיו brightness [zîw]

‡חֲבַל* (Pa) hurt, injure [ḥăḇal*]

‡חֲיָה (v) live [ḥăyâ]

‡חֲמַר wine [ḥămar]

‡מִשְׁכַּב bed, couch [miš/káḇ]

‡נְחַת come down [nəḥat]

§סָפַר clerk, secretary [sā/p̄ár]

עֲבִידָה work; administration [ʾăḇî/dâ]

פֻּם mouth; (ext) entrance [pum]

†פִּתְגָּם word; decree [piṯ/ḡám]

‡רְבָה become great, grow
   up [rəḇâ]

‡רְבִיעָי fourth [rəḇî/ʿái]

רַעְיוֹן (pl) thought [raʿ/yôn]

‡שְׁאֵל ask, desire, require
   [šəʾēl]

‡שְׁבַע seven [šəḇaʿ]

‡שְׁרָה loosen [šərâ]

H. Words Occurring 5 Times (35)

אֲלוּ (interj) behold! [ʾălû]

אִלֵּין (dem pr) these
   [ʾil/lên]

אָע wood [ʾāʿ]

אֲרוּ (interj) behold! [ʾărû]

‡בְּקַר* (Pa) search [bəqar*]

בְּרַם (advs adv) but, yet,
   only [bəram]

גְּשֵׁם body [gəšēm]

דָּא (dem pr f) this [dāʾ]

†דִּין (n) right, judgment;
   council of judges
   [dîn]

†חַרְטֹם magician [ḥar/ṭōm]

†טַל dew [ṭal]

יַצִּיב (adj) reliable
   [yaṣ/ṣîḇ]

יְתַב sit down; dwell
   [yətiḇ]

כְּנֵמָא (adv) thus, so
   [kənḗ/māʾ]

§לֵילִי night [lê/lê]

‡מְלַל* (Pa) speak [məlal*]

‡מְנָה count, number
   [mənâ]

‡*סְגַן (pl) prefect, governor
   [səḡan*]

סוֹף end [sôp]

‡סְפַר book [səp̄ar]

סָרַךְ (pl) official [sā/rák]

†עַיִן eye [ʿá/yin]

‡עֲשַׂב grass; (coll) greens
   [ʿăśaḇ]

*צְבַע (Pa) wet, moisten
   [ṣəḇāʿ*]

†רְבוּ greatness [rəḇû]

†רוּם height [rûm]

שָׂב (pl) elders [śāḇ]

‡*שְׁבַח (Pa) praise [šəḇaḥ*]

שְׁבַק leave [šəḇaq]

שָׁעָה moment [šā/ʿâ]

שֵׁת; שִׁתִּין (m) six; (pl) sixty
   [šēṯ; šit/tîn]

‡שְׁתָה drink [šəṯâ]

§תְּחוֹת (prep) under [təḥôt]

†תַּקִּיף (adj) strong, mighty
   [taq/qîp̄*]

†תְּקֵף (stat) be(come) strong
   [təqip̄]

I. Words Occurring 4 Times (40)

†אַל (neg) not [ʾal]

†*אַמָּה (pl) cubit [ʾam/mã̂*]

אִנּוּן (pers pr) they
   [ʾin/nûn]

§אֲנַחְנָא (pers pr) we
   [ʾăná/ḥənāʾ]

(II) ‡בְּרַךְ bless [bərak]

גָּלוּ exile [gā/lûʿ]

*הַדָּבַר (pl) royal official
   [had/dā/ḇár*]

זְמָר (string-) music
   [zəmār]

†*זַן (pl) kind, sort [zan*]

חֲבַר*‡; חַבְרָה* (pl m; f) companion [ḥăḇar*; ḥaḇ/rå*]

חֲלַף‡ pass by (over) [ḥălap̄]

חֲנֻכָּה dedication [ḥănuk/kå*]

טְרַד drive away [ṭərad]

כְּהֵל (stat) be able [kəhēl]

כְּעֶנֶת (adv) and now [kə'é/net]

כְּפַת be bound, tied up [kəp̄at]

מִדָּה tax, tribute [mid/då*]

מְדוֹר dwelling [məḏôr]

מְחָא strike [məḥå*]

מַנְדַּע understanding [man/dá*]

מָרֵא lord [mā/ré*]

מַשְׁרוֹקִי pipe (musical instrument) [mᵲaš/rô/qî*]

נְבִיא‡ prophet [nəḇî*]

נְדַב‡ (Hithpa) bestow; be willing; (part) disposed, willing [nəḏaḇ*]

נְזַק§ (part) suffer loss; (Ha part, inf) wrong, injure [nəzaq]

עֶלְיוֹן*† (pl) the Most High [ʿel/yôn*]

עֲנַף* (pl) branch, bough [ʿănap̄*]

עֲרַב*‡ (Pa) mix [ʿărab̲*]

פְּסַנְתֵּרִין harp [pəsan/tē/rín]

פַּרְשֶׁגֶן copy [par/šé/ḡen]

צְלַח*‡ (Ha) cause to prosper; make progress [ṣəlaḥ*]

צִפַּר*§ (pl) bird [ṣip/pár*]

קַיתְרֹס (?) kithara (kind of lyre or lute) [qai/ṭərós]

רוּם*† raise oneself; (Pol) praise [rûm*]

שַׂבְּכָא lyre? [śab/ká*]

שָׁלָה; שָׁלוּ*† negligence [(Q) šå/lú̌; šå/lû̌]

שְׁלָם§ well-being, good health, welfare [šəlām]

שְׁפַל*‡ (Ha) bring low, humble [šəp̄ēl*]

תַּמָּה (adv) there [tam/må*]

תְּרֵין; תַּרְתֵּין (s m; f) two [tərên; tar/tén]

J. Words Occurring 3 Times (66)

אֵב†‡; אִנְבָּא (abs; emph) fruit [ʾēḇ; ʾin/bá*]

אִגְּרָה§; אִגְּרָא letter (correspondence) [ʾig/gərã́; ʾig/gərá̌]

אֲזָה light a fire, heat [ʾăzâ]

אַחַר*† (adv pl) after [ʾa!/hár*]

אֵל*†‡; אֵלֶּה (dem pl) these [ʾēl*; ʾél/leh]

אֲמַן‡* (Ha) trust in [ʾămán*]

אִמַּר* (pl) (sacrificial) lamb [ʾim/már*]

אֱסוּר‡ bond(s), fetter(s); (pl, ext) imprisonment [ʾĕsûr]

אַף† (conj) also [ʾap̄]

אֶצְבַּע*†‡ finger; toe [ʾeṣ/bá*]

אַרְגְּוָן purple (garment) [ʾar/gəwắn]

אֹשׁ* (pl def) foundation [ʾōš*]

אָת*§ (pl) sign [ʾāṯ*]

בָּאתַר after [bā'/ṭár]

בְּלוֹ tribute [bəlô]

‡בְּעֵל owner, master, lord [bə'ēl]

‡בְּשַׂר flesh [bəśar]

‡*גְּנַז (pl) treasure [gənaz*]

גַּף (pl) wing [gap̄]

דִּכֵּן (dem pr c) that [dik/kén]

דְּכַר (pl) ram [dəkar]

‡הַדַּר (Pa) glorify [hădar*]

‡הֲדַר (n) splendor, majesty [hădar]

הֲלָךְ toll duty [hălāk]

(?) הַמּוּנָךְ necklace [ham/mû/nák]

חֲבָל hurt, injury [ḥăbāl]

חֲלָק portion, lot [ḥălāq]

‡*טְעַם (Pa) feed [ṭə'am*]

‡יְבַל (Ha) bring [yəbal*]

יְעַט advise; (part) counselor; (Ithpaal) deliberate [yə'aṭ]

כְּנַשׁ assemble [kənaš]

כָּרְסֵא seat, throne [kor/sé']

‡לְבַשׁ be clothed with [ləbaš]

(I) †לָהֵן (adv) therefore [lā/hén]

לְחֵנָה (pl) concubine [ləḥē/nâ]

‡מְלַח salt [məlaḥ]

מְנֵא mina (unit of weight) [mənē']

‡*מַתְּנָה (pl) gift [mat/tənâ*]

נְוָלוּ garbage heap; dunghill [nəwā/lû]

נְצַל (Ha) deliver, rescue [nəṣal]

‡נְשָׂא take, carry away [nəśā']

†נִשְׁתְּוָן decree [niš/təwán]

סוּמְפֹּנְיָה bagpipe? (musical instrument) [sûm/pō/nəyâ]

§עִיר watcher; (ext) angel ['îr]

עִלָּה pretext ['il/lâ]

עֳפִי foliage, leaves ['ŏp̄î]

‡עִקַּר root(stock) ['iq/qár]

עַתִּיק (adj) old, aged ['at/tîq]

‡צַוַּאר neck [ṣaw/wá'r]

‡*קְבַל (Pa) receive [qəbal*]

קַדְמָי first [qaḏ/mái]

קְטַר (pl) knot, joint [qəṭar]

‡קְצָת end; part [qəṣāt]

‡*רְגַשׁ (Ha) storm in? [rəḡaš*]

§שְׂגָא grow, become great [śəḡā']

שָׂכְלְתָנוּ insight [śok/ləṭā/nû]

שְׂעַר hair [śə'ar]

שֵׂגַל (pl) concubine [šē/ḡál]

†*שׁוּר (pl) wall [šûr*]

שְׁחַת (part pass) corrupt; (n) mischief [šaḥaṭ]

‡שְׁלֵם (stat) be finished [šəlim]

†שֵׁן (du) tooth [šēn*]

‡שְׁפַר please, seem good [šəp̄ar]

‡*שְׁרֹשׁ (pl) root [šərōš*]

תַּלְתָּא triumvir? third part? [tal/tá']

תְּמַהּ (pl) wonder, miracle [təmah]

K. *Words Occurring 2 Times (88)*

אֲדַרְגָּזַר* (pl only) counselor [ʾădar/gā/zár*]

אַזְדָּא (?) (adj f?) promulgated [ʾaz/dắ]

‡אֶלֶף thousand [ʾăláp̄]

‡אֲנַף* (du) face [ʾănap̄*]

אֲפַרְסְכָי* (pl; unc) title of official? [ʾăp̄ar/sək̭ái*]

‡אֹרַח* (pl) way [ʾăraḥ*]

§אַרְכָה length(ening), prolongation [ʾar/k̭ấ]

אֶשְׁרָן (?) timber? panelling? roof scaffolding? [ʾiš/rán]

אֶשְׁתַּדּוּר revolt [ʾeš/tad/dûr]

בֵּין (prep) between [bên]

בָּעוּ petition, prayer [bā/ʿû]

†בַּת* (pl) *bath* (liquid measure) [bat*]

†גְּבוּרָה strength [gəb̄û/rấ]

גְּדָבַר* (pl) treasurer [gəd̄ā/bár*]

‡גְּדַד cut down [gəd̄ad]

†גְּזֵרָה decree [gəzē/rấ]

גְּלָל (coll) blocks of stone [gəlāl]

†דִּבְרָה affair, matter [dib̄/rấ]

דָּכְרָן* (pl) minutes, memorandum [dok̄/rán*]

‡דְּמָה resemble [dəmâ] ***lrke***

§דָּר generation [dār]

דֶּתֶא grass [dé/teʾ]

דְּתָבַר* (pl n) judge [dət̄ā/b̄ár*]

הַדָּם* (pl) member, limb [had/dám*]

‡זוּעַ* tremble [zûͣ*ʾ*]

חֲזוֹת sight [ḥăzôt]

חֵמָה rage, fury [ḥămâ]

חִנְטָה* (pl) (grains of) wheat [ḥin/ṭấ*]

‡חֲנַן show mercy [ḥănan]

‡חֲסַן* (Ha) take possession of, possess [ḥăsan*]

‡חֵסֶן might, wealth? [ḥĕsēn]

חֲצַף* (Ha part f) harsh, severe [ḥăṣap̄*]

§טָב (adj) good [ṭāb̄]

טוּר mountain [ṭûr]

טִין (wet) clay [ṭîn]

טְפַר* (pl) (finger-) nail, claw [ṭəp̄ar*]

‡יְדָה* (Ha) praise [yəd̄â*]

‡יַם sea [yam]

יַקִּיר (adj) difficult; noble [yaq/qîr]

‡יְרַח month [yəraḥ]

§כְּתַל wall [kət̄al]

†לְבוּשׁ garment [ləb̄ûš]

‡מֵאמַר word, order [mēʾ/már]

מָזוֹן food [mā/zôn]

‡מְלָא fill [məlāʾ]

‡מַלְאַךְ angel [mal/ʾák̄]

†מַלְכָּה queen (-mother) [mal/k̭ấ]

†מִנְחָה offering [min/ḥấ]

מָרָד (adj) rebellious [mā/rád]

מְשַׁח (anointing-) oil [məšaḥ]

נְבִזְבָּה present, gift [nəb̄iz/b̄â]

נִדְבָּךְ course (of stones, timber) [nid̄/b̄ák̄]

נַהִירוּ illumination, insight [na!/hî/rû]

‡נְטַל lift up [nəṭal]

נִיחוֹחַ (pl) incense [nî/ḥôʿăḥ]

§נְכַס* (pl) treasure, treasury; fine [nəkas*]

נִפְקָה cost [nip̄/qâ]

‡נְשַׁר eagle [nəšar]

‡*סוּף be fulfilled; (Ha) annihilate [sûp̄*]

סַרְבָּל (pl) trousers? tunic? cloak? [sar/bál]

†עוֹף bird; (coll) birds [ʿôp̄]

עִזְקָה signet-ring [ʿiz/qâ]

פַּס hand [pas]

פְּרֵס half(-*shekel*); half (-*mina*)? [pərēs]

§פְּשַׁר interpret [pəšar]

פְּתַח (Pe pass) open(ed) [pətaḥ]

פְּתָי width [pətāi]

†צַד side [ṣad]

צְלָה (Pa) pray [ṣəlâ]

‡קַדְמָה former times [qad/mâ]

קְיָם statute, decree [qəyām]

קַיָּם (adj) enduring [qay/yǎm]

קְרַץ (pl) piece; (in idiom) slander [qəraṣ]

‡קְשֹׁט truth [qəšōṭ]

רִבּוֹ great number, ten thousand [rib/bô]

רֵו appearance [rēw]

§רְעוּ will, decision [rəʿû]

‡רְעַע shatter [rəʿaʿ]

‡רְפַס trample down [rəp̄as]

‡שְׁבִיב flame [šəb̄îb̄]

‡שְׁוָה be like [šəwâ]

‡שְׁכַן live, dwell [šəkan]

‡*שִׁלְטוֹן (pl) high official [šil/ṭōn*]

שַׁפִּיר fair, lovely [šap/pîr]

תְּדִיר duration [tədîr]

תִּפְתָּי (pl) police officer? magistrate? [tip̄/tǎi]

תְּקֵל *shekel* (unit of measure and weight) [təqēl]

תְּרַע door, opening; court [təraʿ]

L. Words Occurring 1 Time (236)

אִדָּר (pl) threshing-floor [ʾid/dár]

אַדְרַזְדָּא (adv) diligently, zealously [ʾad/raz/dá*]

אֶדְרָע arm; (met) force [ʾed/rá*]

‡*אָח (pl) brother [ʾaḥ*]

אֲחִידָה (pl) riddle [ʾăḥî/dâ]

§אַחֲרִי end [ʾaḥărî]

אַחֲרִין (?) (adv) at last [ʾa!/ḥărîn]

אֵימְתָן (adj) frightful [ʾê/məṭán]

‡אֲנַס (part) distress [ʾănas]

אַנְתּוּן (pers pr, m pl) you [ʾan/tûn]

אֲפַרְסִי (pl; unc) gent? title of official? [ʾăp̄ā/rəsǎi]

אֲפַרְסַתְכִי (pl) title of officials [ʾăp̄ar/sat/kǎi]

אַפְּתֹם treasury? [ʾap/pətóm]

אֲרִיךְ fitting [ʾărîk]

אַרְכֻּבָּה (pl) knee [ʾar/kub/-bâ]

אַרְעִי bottom [ʾar/ʿî]

אֲרַק (the) earth [ʾăraq]

אֶשָׁא fire ['eš/šǎ']

בְּאִישׁ (f def) evil, bad [bǝ'îš]

‡בְּאֵשׁ (stat) be bad [bǝ'ēš]

בְּדַר (Pa) scatter [bǝdar]

בְּהִילוּ hurry, haste [bǝhî/lû']

†בִּינָה insight, discernment [bî/nâ]

בִּירָה citadel, fortress [bî/râ]

בֵּית pass the night [bît]

בָּל heart; (ext) mind [bāl]

‡*בְּלָה (Pa) wear (someone) down [bǝlâ*]

†בִּנְיָן building [bin/yǎn]

בְּנַס become angry [bǝnas]

†בִּקְעָה plain [biq/'â]

(I) ‡בְּרַךְ kneel down [bǝrak]

‡*בְּרַךְ (pl) knee [bǝrak*]

גַּב (pl) back? side? [gab]

§*גְּבַר (pl) strong man [gib/bár*]

†גֵּוָה pride [gē/wâ]

§*גּוּחַ (Ha) stir up [gû'ah*]

גִּזְבַּר (pl) treasurer [giz/bár]

§גִּיר (n) plaster [gîr]

†*גַּלְגַּל (pl) wheel [gal/gál*]

‡גְּמַר (part pass) finished [gǝmar]

‡*גְּרַם (pl) bone [gǝram*]

†דֹּב bear [dōb]

דְּבַח (v) sacrifice [dǝbah]

דְּבַח (pl n) sacrifice [dǝbah]

‡דְּבַק stick (hold) together [dǝbaq]

(?) דְּהוּא (text corr?) that is [dǝhû']

‡*דּוּשׁ trample down [dûš*]

דַּחֲוָה (pl) food? diversion? [da!/hǎwâ]

†*דִּין (v) judge [dîn*]

†*דַּיָּן (pl n) judge [day/yǎn*]

דִּינָיֵא judges [dî/nā/yě']

דִּכְרוֹן minutes, memorandum [dik/rón]

‡דְּלַק burn [dǝlaq]

דְּרָע (pl) arm [dǝrā']

‡הָא (interj) behold! [hā']

†הָא(־כְדִי) just as [hē'(-kǝdî)]

הַרְהֹר (pl) dream-fantasies [har/hór]

זְבַן buy [zǝban]

זְהִיר (pl adj) cautious, careful [zǝhîr]

‡*זוּד (Ha) act insolently [zûd*]

זוּן (Hith) feed on, live on [zûn]

§זָכוּ innocence [zā/kû']

‡*זְמַן (Hith) agree [zǝman*]

זַמָּר (pl) singer [zam/már]

זְעֵיר (adj) small [zǝ'êr]

‡זְעִק cry out, shout [zǝ'iq]

‡זְקַף (part pass) impaled [zǝqap]

‡זְרַע (coll) seed; (ext) descendants [zǝra']

חֲבוּלָה crime [hǎbû/lâ]

חֲדֶה (pl) breast [hǎdēh]

†חֶדְוָה joy [hed/wâ]

חֲדַת new [hǎdat]

(?) *חוּט repair? inspect? [hût*]

חִוָּר white [hiw/wár]

§חֲטִי sin [hǎṭāi]

§חֲטָיָה (K) sin-offering [haṭ/ṭā/yâ]

§חָסִיר (adj) defective, of poor quality [ḥas/sîr]

חֲרַב (Ho) be devastated, destroyed [ḥarab]

חֲרַךְ (Hithpa) be singed (by fire) [ḥarak]

§חֲרַץ hip [ḥăraṣ]

‡חֲשַׁב reckon, regard [ḥăšab]

§חֲשׁוֹךְ darkness [ḥăšôk]

חֲשַׁח (v) need [ḥăšaḥ]

חַשְׁחָה (pl n) need [ḥaš/ḥắ]

חַשְׁחוּ (n) need [ḥaš/ḥû]

חֲשַׁל crush, pulverize [ḥăšal]

‡חֲתַם (v) seal [ḥătam]

טְאָב (stat) be good [ṭəʾêb]

†*טַבָּח (pl) executioner, bodyguard [ṭab/báḥ*]

טְוָת (n) fasting; (adv) in fasting [ṭəwāt]

§*טְלַל (Ha) make a nest [ṭəlal*]

טַרְפְּלָי (pl) class of officials? [ṭar/pəlái]

‡יַבֶּשֶׁת dry land; (def) the earth [yab/bəšâ]

יְגַר heap of stones [yəḡar]

‡יְטַב it suits, pleases [yəṭab]

‡*יְסַף (Ho) be added [yəsap̄*]

יְצָא (Shaphel) finish [yəṣắ]

‡*יְצַב (Pa) make certain (of) [yəṣab*]

יְקֵדָה burning [yəqē/dắ]

יַרְכָה (pl) upper thigh [yar/kắ]

יָת (accusative particle; object marker; not translated) [yāt]

כִּדְבָה a lie (falsehood) [kid/bâ]

‡כָּה (adv) here, hitherto [kâ]

כַּוָּה (pl) window [kaw/wắ]

‡*כַּכַּר (pl) talent (weight) [kak/kár*]

כֹּר, כּוֹר (pl) kor (dry measure) [kôr, kôr*]

כַּרְבְּלָה (pl) cap [kar/bəlâ]

כְּרָה (Ithpeel) be anxious [kərâ]

כָּרוֹז herald [kā/rôz]

כְּרַז (Ha) proclaim [kəraz]

לְוָת (prep) near, beside [ləwāt]

‡לְחֶם bread; (ext) meal, feast [ləhem]

§מֹאזְנֵא balance (scales) [mõʾ/zənêʾ]

†מְגִלָּה scroll [məḡil/lâ]

‡*מְגַר (Pa) overthrow [məḡar*]

מַדְבַּח altar [mad/báḥ]

‡מוֹת death [môt]

§*מַחְלְקָה (pl) division (of Levites) [maḥ/ləqắ*]

מְלַח eat (the) salt; (idiom) be under obligation of loyalty [məlaḥ]

מְלַךְ (n) counsel [məlak]

מִנְיָן (n) number [min/yắn]

†*מַעֲבָד (pl) work [ma!/ʿăbād*]

§*מְעֵה (pl) belly [məʿêh*]

מְעָל (pl) sunset [me!/ʿál]

‡מְרַד rebellion [mərad]

מְרַט ‡ (?) (stat) be plucked out [mərit]

מִשְׁכַּן ‡ dwelling, abode [miš/kán]

מִשְׁתֵּא ‡ (drinking-) feast [miš/té̌]

נְבָא *‡ (Hithpa) prophesy [nəḇā̌*]

נְבוּאָה †‡ prophecy, prophesying [nəḇû/ʾâ̌]

נֶבְרְשָׁה lampstand [neḇ/rəšâ]

נְגַד ‡† (v) flow [nəḡad]

נֶגֶד †‡ (prep) toward [né/ḡed]

נֹגַהּ brightness [nəḡah]

נְדַד ‡ flee [nədad]

נִדְנֶה (n) sheath? body?; (ext) on account of this [nid/néh]

נְהוֹר; נְהִיר (Q; K) light [nəhôr; nəhîr]

נוּד * flee [nûḏ*]

נְטַר keep (in one's heart) [nəṭar]

נְמַר ‡ panther [nəmar]

נְסַח *‡ (Hith) be pulled out [nəsaḥ*]

נְסַךְ *†‡ (Pa) offer [nəsak*]

נְסַךְ * (pl) drink-offering, libation [nəsak*]

נִצְבָּה firmness, hardness [niṣ/bâ̌]

נְצַח *†‡ (Hithpa) distinguish oneself [nəṣaḥ*]

נְקֵא §‡ (adj) pure [nəqḗ]

נְקַשׁ ‡ knock together [nəqaš]

נְשִׁין * (pl) wife [nəšîn*]

נִשְׁמָה ‡ breath [niš/mâ]

נְתִין *†‡ (pl) (temple-) slave [nəṭîn*]

נְתַר * (Aphel) shake off

[nəṭar*]

סְבַל *‡ (Poel part) be preserved? erect? [səḇal*]

סְבַר § seek, strive [səḇar]

סְגַר shut [səḡar]

סְעַד *†‡ (Pa) support [sə̌ʿaḏ*]

סְתַר *†‡ (I) (Pa part pass) hidden things [səṭar*]

סְתַר § (II) destroy, demolish [səṭar]

עוֹד † (adv) still, yet [ʿôḏ]

עֲוָיָה * (pl) offense [ʿăwā/yâ̌*]

עוּר chaff [ʿûr]

עֵז *‡ (pl) goat [ʿēz*]

עֵטָה counsel [ʿḗ/ṭâ]

עֵלָּה above [ʿḗl/lâ]

עֲלְוָה *‡ (?) (pl) burnt offering [ʿal/wâ̌*]

עִלִּי †‡ roof chamber [ʿil/lî̌]

עֲלַע *‡ (pl) rib [ʿălǎʿ*]

עֲמִיק *‡ (pl adj) deep, impenetrable (things) [ʿam/mî̌q*]

עֲמַר wool [ʿămar]

עֲנֵה *‡ (pl adj) miserable [ʿănēh*]

עֲנָן *†‡ (pl) clouds [ʿănān*]

עֲנַשׁ fine (imposed) [ʿănāš]

עֲצִיב (adj) sorrowful, afflicted [ʿăṣîḇ]

עֲקַר *†‡ (Ithpeel) be plucked out [ʿăqar*]

עָר ‡ adversary [ʿār]

עֲרָד *§ (pl) wild ass, onager? [ʿārāḏ*]

עַרְוָה ‡ dishonor [ʿar/wâ̌]

עֲשַׁת ‡ think, plan [ʿăšaṭ]

‡*עָתִיד (pl adj) ready to [ʿătîd*]

פֶּחָר potter [peʰ!/ḥár]

פַּטִּישׁ (pl) garment (coat? trousers?) [paṭ/ṭîš]

‡פְּלַג (v) divide [pəlaḡ]

‡פְּלַג (n) half [pəlaḡ]

פְּלֻגָּה (pl) division (of priests) [pəlug/gấ]

פָּלְחָן (cultic) service [pol/ḥán]

‡פְּרַס divide [pəras]

‡פְּרַק unloose, abolish [pəraq]

‡*פְּרַשׁ (Pa part pass) separate(ly)? [pəraš*]

צְבוּ thing, matter [ṣəḇû]

צְדָא (interr) is it true? [ṣədāʾ]

‡צִדְקָה beneficence, justice [ṣid/qấ]

‡*צְפִיר (pl) he-goat [ṣəp̄îr*]

קַיִט summer [qá/yiṭ]

‡קְנָה buy [qənâ]

‡קְצַף become furious [qəṣap̄]

‡קְצַף (n) wrath [qəṣap̄]

‡*קְצַץ (Pa) cut off [qəṣaṣ*]

†קְרָב war [qərāḇ]

רְגַז (Ha) anger, enrage [rəḡaz]

‡רְגַז (n) rage [rəḡaz]

רַחִיק (pl adj) far [ra!/ḥîq]

§רַחֲמִין compassion [ra!/ḥămîn]

רְחַץ (Hith) rely (on) [rəḥaṣ]

רֵיחַ (n) smell [rêᵃḥ]

‡רַעֲנַן (adj) prosperous, flourishing [ra!/ʿănan]

שָׂהֲדוּ testimony [śā/hăḏû]

שְׂטַר side [śəṭar]

‡*שְׂכַל (Hith) consider [śəkal*]

שְׂנֵא (part) adversary [śənē]

†שְׁאֵלָה question [šəʾē/lấ]

‡*שְׁבַט (pl) tribe [šəḇaṭ*]

שְׁבַשׁ (Hithpa) be perplexed [šəḇaš]

שְׁדַר (Hithpa) be like [šəḏar]

שֵׁיצִיא (loanword; v) finish [šê/ṣîʾ]

§שְׁלֵה (adj) at ease [šəlēh]

‡שְׁלֵוָה prosperity, fortune [šəlē/wấ]

‡*שְׁמַד (Ha) destroy, exterminate [šəmaḏ*]

‡*שְׁמַם (Ithpoel) stiffen with fright [šəmam*]

שְׁמַשׁ (Pa) serve [šəmaš]

‡שְׁמַשׁ sun [šəmaš]

(II) ‡שְׁנָה (n) sleep [šənâ]

‡שְׁפַט (part) judge [šəp̄aṭ]

‡שְׁפַל low(ly) [šəp̄al]

שְׁפַרְפָּר dawn [šəp̄ar/pár]

§שָׁק (du) (lower) leg [šāq*]

(?) שְׁרֹשׁוּ banishment, exclusion [šərō/šû]

תְּבַר break [təḇar]

תְּוַהּ be alarmed [təwah]

תְּלַג snow [təlaḡ]

תְּלִיתָי third [təlî/ṯái]

תִּנְיָן second [tin/yán]

תִּנְיָנוּת (adv) a second time
[tin/yā/nûṯ]

תְּקַל weigh [təqal]

‡*תְּקַן (Ho) be reestablished
[təqan*]

תְּקָף strength [təqāp̄]

תְּקֹף strength [təqōp̄]

*תָּרָע (pl) doorkeeper
[tā/rāʿ*]

INDEX

Hebrew and Aramaic words are indexed separately. Verbs are given no vowel points. Other words are also unpointed, except for forms with identical consonantal spelling. Root numbers in parentheses differentiate between identical spellings with different meanings. References are to Section number (1-6), and Subsection letter (A-Z, AA, BB). For convenience the number of occurences is also given for Hebrew and Aramaic words.

Index to Hebrew Vocabulary

שׁ שׂ

שבכה	5.U 17
שבע	4.A 97
שָׁבֵעַ	5.BB 10
שגב	5.R 20
שדה; שדי	2.B 332
שה	5.C 44
שוש	5.L 27
שחוק	5.V 16
שחק	5.G 36
שטן	5.L 27
שיב; שיבה	5.R 20
שיח	5.R 20
שִׂיחַ (II)	5.X 14
שִׂים (I)	1.D 584
שכיר	5.T 18
שכל (I)	4.D 75
שֵׂכֶל	5.V 16
שכר	5.S 19
שָׂכָר (I)	5.L 28
שלמה (I)	5.V 16
שמאל	4.J 54
שמח	3.C 156
שָׂמֵחַ	5.Q 21
שמחה	4.A 94
שמלה	5.J 31
שנא	3.C 148
שֵׂנֵא	5.E 41
שנאה	5.U 17
שעיר	4.I 55
שער	5.K 29
שערה	5.H 34
שפה	3.A 178
שק	5.A 48
שר	2.A 412
שרה; שרי (II)	4.J 53
שריד (I)	5.K 29
שרף	3.F 117
שרפה	5.Y 13
ששון	5.P 22

שׁ

שׁ־	3.D 139
שאב	5.S 19
שאג	5.Q 21
שָׁאוֹל	4.G 65
שְׁאוֹל	2.A 406
שאון (II)	5.U 17
שאל	3.B 173
שאלה	5.X 14
שאנן	5.AA 11
שאף	5.X 14
שאר	3.E 133
שְׁאָר	5.M 26
שְׁאָר	5.U 17
שארית	4.F 66
שבה	5.B 47
שבוע	5.R 20
שבועה	5.J 31
שבות; שבית	5.I 32
שבט	3.A 190
שבי	5.A 48
שביעי	4.A 96
שבלת (I)	5.W 15
שֶׁבַע	3.A 186
שֶׁבַע; שבעים (I)	2.A 492
שבר (I)	3.C 149
שבר (II)	5.Q 21
שֶׁבֶר (I)	5.C 44
שבת	4.E 71
שַׁבָּת	3.G 106
שבתון	5.AA 11
שגגה	5.S 19
שגה	5.Q 21
שד	5.Q 21
שד (II)	5.M 25
שדד	4.I 56
שדי	5.A 48
שהם (I)	5.AA 11
שוא	4.K 52
שואה	5.Y 13
שוב	1.B 1055
שוה (I)	5.V 16

שוט (I)	5.Y 13
שול	5.AA 11
שוע	5.P 22
שועה	5.AA 11
שוער	5.G 37
שופר	4.E 72
שוק	5.S 19
שור (I)	5.W 15
שׁוֹר	4.C 79
שושן (I)	5.U 17
שזר	5.P 22
שחד	5.O 23
שחה	3.B 174
שחח	5.T 18
שחט (I)	4.C 85
שחין	5.Y 13
שחק	5.Q 21
שָׁחַר (II)	5.Y 13
שַׁחַר	5.N 24
שחת	3.B 161
שָׁחַת	5.O 23
שטה	5.L 28
שטף	5.J 31
שטר	5.M 25
שיר	4.B 88
שיר; שירה	4.B 91
שית	4.B 87
שכב	2.E 211
שכור	5.Y 13
שכח	3.G 102
שכל	5.N 24
שכם	4.G 65
שְׁכֶם (I)	5.P 22
שְׁכֶם (II)	4.G 64
שכן	3.E 130
שָׁכֵן	5.R 20
שכר	5.S 19
שֵׁכָר	5.O 23
שלג (I)	5.S 19
שלום	2.D 242
שלח	1.C 839
שלחן	4.F 70
שליש (III)	5.U 17

Index to Aramaic Vocabulary